깊이 있는 학습에 필요한
학생 주도성을 돕는
프로젝트 수업

KB191286

깊이 있는 학습에 필요한

학생 주도성을 돕는 프로젝트 수업

초판 1쇄 발행 2024년 10월 25일

지은이 | 최선경

발행인 | 최윤서

편집 | 최형임

디자인 | 최수정

펴낸 곳 | (주)교육과실천

도서문의 | 02-2264-7775

인쇄 | 031-945-6554 두성 P&L

일원화 구입처 | 031-407-6368 (주)태양서적

등록 | 2020년 2월 3일 제2020-000024호

주소 | 서울특별시 중구 창경궁로 18-1 동림비즈센터 505호

ISBN 979-11-91724-68-4 (13370)

정가 | 21,000원

깊이 있는 학습에 필요한

학생
주도성을 돕는
프로젝트
수업

최선경 지음

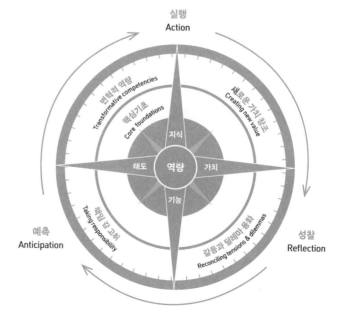

교육과실천

| 추천의 글

●●●유명한 힙합 플레이어는 '비트를 쪼갠다'고 한다. 최선경 선생님은 24시간을 잘게 쪼갠다. 실천교육교사모임 운영진으로 종횡무진함은 물론이고, '주도성', '프로젝트' 등 다양한 주제로 여러 강의 현장을 누빈다. 그 모든 곳에서 무엇 하나 허투루 하는 일이 없다. 선생님이 또 한 권의 책을 내신다니 그저 놀랍다. 그것도 최근 교육 현장에서 가장 이슈가 되는 '학생 주도성', '깊이 있는 학습', '개념기반 학습'을 프로젝트 수업에 담아냈다. 사례도 풍부하게 제시하여 초보자도 쉽게 활용할 수 있다.

김덕년 (생태교육연구소 소장, 『주도성』, 『교육과정-수업-평가-기록 일체화』, 『포노 사피엔스를 위한 진로교육』 저자)

●●●최선경 선생님과 다양한 일을 함께 하면서 부분적으로 들어왔던 프로젝트 수업에 관한 이론과 실제가 이 한 권의 책에 전부 녹아 있다. 단지 프로젝트를 실행하는 것을 넘어 왜 프로젝트 수업을 해야 하는 지도 꼼꼼하고 친절하게 설명한 덕분에 프로젝트 수업을 어렵게 생각하는 사람은 도전해 보고 싶은 생각을, 이미 해왔던 사람은 본질적인 부분을 돌아볼 수 있게 해준다. "프로젝트 수업 한 권으로 끝내기"라고 책 제목을 바꿔도 좋을 것 같다.

구본희 (영림중학교 교감, 『보니샘과 함께하는 자신만만 프로젝트 수업10』,

『보니샘과 함께하는 블렌디드 수업과 평가』 저자)

●●●교육 정책을 통해 변화를 이룰 수 있다는 막연한 기대를 하지만, 진정한 변화는 현장에서 다각적인 노력과 새로운 시도에서 만들어진다. 이 책에서 다루는 프로젝트 수업은 익숙한 용어지만, 일선의 경험을 담은 현장의 시선과 교사의 경험을 담아 새롭게 다가온다. 저자는깊이 있는 학습 과정 안에서 학생과 교사가 주도

성을 발휘하며 의미 있는 학습 경험을 만들어내는 방식으로 설계·실행하고 있음을 보여준다. 여러 사례를 함께 제시하고 있어 학교 현장에서 쉽게 다가갈 수 있으며, 교육에 대한 인식의 지평을 확장하는 데 도움을 준다.

●●● 학생 주도성과 프로젝트 기반 학습은 같은 곳을 바라보는 개념과 모형이다. 이 책은 저자의 경험과 성찰을 토대로 학교 현장에서 학생의 주도성과 프로젝트 기반 학습을 연계하여 수업을 준비하고, 실행할 수 있도록 안내한다. 저자의 주도적 노력과 실천에 박수를 보낸다.

●●● 교실 현장에 대한 높은 이해와 교육에 대한 열정으로 프로젝트 수업을 실천하며 체인지메이커 역할을 하는 최선경 선생님의 노하우가 고스란히 담긴 책이다. 프로젝트 수업을 설계하고 실천하고자 하는 모든 선생님들에게 추천한다.

●●● 프로젝트 수업을 통한 팀 프로젝트 활동을 진행하면서 주어진 과업을 곱씹어 보고, 스스로 할 일을 조직해 나가는 과정에서 큰 도움을 얻었다. 책임감을 가지고 자발적으로 몰입했던 경험을 바탕으로 대학 동기들과의 장기 협업 과제나 직무 면접 프레젠테이션 등의 활동 시 사회적 협업 프로세스를 보다 쉽게 체득할 수 있었다. 급변하는 환경 속에서 프로젝트 수업은 '단단한 사회인'으로 성장하기 위한 훌륭한 밑거름이 되어줄 것이라 확신한다.

2022 개정 교육과정 도입을 앞두고 '주도성'과 '깊이 있는 학습'이 자주 언급되고 있다. 학생들이 주도적으로 깊이 있는 학습을 하기 위해 교사는 어떤 전략을 활용할 수 있을까? 2014년부터 교실 수업 개선을 위해 다양한 수업 방법을 연구하고 적용해 왔다. 배움의 공동체에서는 모둠 활동을 운영하는 전략과 홉 스텝 점프로 수업을 디자인하는 방법을, 거꾸로 교실을 통해서 디딤영상을 활용하여 교사의 설명을 덜어내도 수업이 진행될 수 있다는 것을 몸소 체험하고 학생 활동 중심으로 학생들이 몰입할 수 있는 수업을 디자인하고자 노력했다. 2016년부터 프로젝트 수업 실천 학교에 근무하면서 프로젝트 수업을 본격적으로 연구하고 적용하게 되었다. 비슷한 시기에 『프로젝트 수업 어떻게 할 것인가?(철학에서 실천까지, 교사들을 위한 PBL의 모든 것!)』 번역을 계기로 좀 더 책임감을 가지고 프로젝트 수업을 실천하고, 사례를 나눌 기회도 빈번하고 다양해졌다. 적용하고 나누면 나눌수록 지식과 역량을 모두 길러줄 수 있는 수업, 학생들에게 살아가는 힘을 길러주는 수업 방법으로 프로젝트 수업만한 것이 없다는 결론을 얻고 여러 방면으로 프로젝트 수업을 전파하는 데 힘썼다. 원격연수(《프로젝트 수업 어디까지 해봤니?》)나 블로

그 등을 통해서도 매일 학생들과의 수업 이야기를 하지만, 지금까지 실천한 수업 사례를 책으로 정리하여 동료 교사들에게 도움이 되고 싶었다. 사실 번역서를 출간하면서부터 외국 사례가 아닌 우리나라의 생생한 사례를 전하고 싶다는 생각을 이어오고 있었다. 마침 2025년부터 적용될 2022 개정 교육과정에서 강조하고 있는 큰 방향과 교수·학습 방법 등이 프로젝트 수업에서 강조하고 있는 부분과 일치하는 부분이 많아 확신을 가지고 집필에 박차를 가했다.

2023년 여러 선생님들과 함께 도서 『주도성』을 쓰면서도 '주도성' 하면 내게 가장 먼저 떠오르는 단어는 프로젝트 수업이었다. 이 책은 주도성 관점에서 프로젝트 수업을 바라보고 정리했고, 수업 공개 부분의 분량을 가장 많이 할애했다. 프로젝트 수업은 처음부터 아이들의 주도성이라는 전제가 있어야 하긴 하지만 현실은 어떨까?

학생들이 좀 더 주도적으로 움직일 수 있는 프로젝트 수업을 디자인하고 진행해 나가는 데 도움이 될만한 팁들을 담았다. 1년 365일 프로젝트 수업만 할 수 있는 것은 아니다. 무작정 프로젝트 수업을 한다고 잘되는 것도 아니다. 수업이 제대로 되기 위해서는 기초 근육을 키울 필요가 있다. 여기서 기초 근육이란 학생과 교사의 관계 형성, 학생들이 자신들의 생각을 글로, 말로 표현할 수 있도록 연습하는 것, 동료들과 협업할 수 있는 기회를 주는 것 등이다. 선생님들 각자가 기존에 하고 있던 수업에 약간의 요소만 가미하여도 훌륭한 프로젝트 수업이 될 수 있다는 것을 보여주고자 했다.

이 책은 프로젝트 수업을 이야기하지만, 수업에 관한 이야기이고, 성찰에 관한 이야기이다. 수업이 성공하기 위해서는 무엇보다 교사의 마음가짐이 달라져야 한다고 생각한다. 당연히 수업 진행 과정에 문제가 생길 수 있고, 그 과정을 통해 성장하고 배운다는 것도 깨달아야 한다. 완벽한 준비로 완벽한 수업을 한다는 생각은 버려야 한다. 애초에 완벽하다는 것은 있을 수 없다. 수업에 정답은 없다. 정답이 없다는 것은 다시 말하면 모두가 정답이 될 수도 있고 모두가 어느 정도 오답의 가능성도 가지고 있다는 의미다. 필자가 이야기하고 있는 방법도 정답은 아니다. 다만 오랫동안 공부하고 실천해 온 실천기일 뿐이다. 필자의 경험을 나눔으로써 프로젝트 수업을 실천하는 교사들이 늘어나고, 실천한 이들이 각자의 경험담을 활발하게 나누는 문화가 지속적으로 퍼져나가기를 바란다.

  훌륭한 연수나 책에서 제안하는 수많은 수업방법이 교실을 바꾸지 못하는 이유는 무엇일까? 그것은 아마도 강사나 저자가 그 결론에 이르기까지의 과정과 그 속의 고민은 가져오지 못하고 결론만 적용하려고 하기 때문이 아닐까? 스스로 오랜 고민 끝에 확립한 철학을 바탕으로 한 수업은 아이들을 기다려주고 믿는다는 대원칙 아래 여러 가지 힘든 일을 겪어도 참고 인내하며 진행할 수 있다. 아무런 고민 없이 형식만 빌려온 것은 조금만 뜻대로 되지 않으면 바로 '뭐야? 그 선생님이 이야기한 거랑 다르잖아. 그 선생님이니까 가능했겠지?' 라며 쉽게 포기해 버린다. 씨를 뿌린 후 새싹이 돋고 또 열매를 맺기 위해서는 시간이 필요하다. 누구나 주도성이라는 씨앗을 품고 있다. 학생의 주도성이라는 씨앗을 꽃피울 수 있게 도움을 주는 것이 우리 교사의 역할임을 잊지 말자.
  모든 것에 앞서 해야 할 일은 씨를 뿌리는 것이다. 이 책을 통해 프로젝트 수업이 무엇인지, 어떻게 하면 되는지, 왜 해야 하는지 알게 되고

'저 정도는 나도 할 수 있겠다!' 는 자신감으로 프로젝트 수업에 도전해 보기 바란다. 적어도 프로젝트 수업을 한 번도 안 해 봤거나 '제대로' 안 해본 분들에게 분명 도움이 될 거라 확신한다. 문제는 실천이다. 방법을 몰라서가 아니라는 걸 우리는 이미 알고 있다. 필자가 겁 없이 시도해 온 프로젝트 사례들이 여러분에게 자극이 되길 바란다. 프로젝트 수업이 이미 익숙한 분들은 자신이 수업을 디자인하고 적용하는 방법과 어떤 차이가 있는지 아이디어를 얻는 측면에 초점을 두고 읽어보면 좋겠다. 교과 수업뿐만 아니라 학교자율시간 등 2022 개정 교육과정의 적용에 도 분명 큰 도움이 될 것이다.

이 책을 집필하는 과정은 나를 초심으로 돌아가게 해주었다. 책 작업 을 위해 수업자료를 정리하면서 머리를 맞대고 엉덩이를 쳐들고 작업에 열중하는 아이들 모습, 활짝 웃는 얼굴을 보며 행복했다. 당시의 순간을 짧게나마 사진과 글로 기록해 두길 참 잘했다는 생각도 했다. '그때 아 이들은 그리고 나는 왜 그렇게 열심히 했을까?' 싶은 생각이 들 정도로 수업에 빠져있는 나를 발견했다. 몇 해 후 오늘의 내 모습을 다시 들여다 본다면 같은 느낌을 받게 될 것이다. 매 순간 나와 인연을 맺은 아이들을 애정 어린 시선으로 바라보고 그들의 성장을 위해 최선을 다하는 것이 정답 없는 교육의 해법이 아닐까.

집필 과정에서 여러 자료를 참고하며 좋은 자료가 이미 이렇게 많이 나와 있는데 내가 쓰는 이 책이 어떤 의미가 있을까 움츠러들기도 했다. 하지만 언제나 그렇듯 '창조적 자신감' 으로 이 책을 읽는 단 한 사람의 독자에게라도 도움이 된다면, 책을 쓰기 위해 들인 시간이 헛되지 않을 거라고 믿는다. '교사는 한 번에 한 아이를 바꿈으로써 세상을 바꾼다' 는 믿음을 가지고 학생들과 만나는 심정과 비슷하다. 이 책이 마중물이 되어 좀 더 많은 교사가 프로젝트 수업을 시도하고 학생들의 주도성을 키우려는 노력을, 더불어 교사 자신의 주도성도 키워나가면 좋겠다. 교실에서 우리 선생님들이 학생들과 함께 웃는 일이 많아지면 좋겠다. 우리 모두 교실에서 아이들과 행복하면 좋겠다.

2024년 10월의 어느 멋진 날에
저자 최선경

┃목차

제1장   학생 주도성에
왜 프로젝트 수업인가?

제6장 프로젝트 수업
사례 공개

제 1 장

학생 주도성에
왜 프로젝트 수업인가?

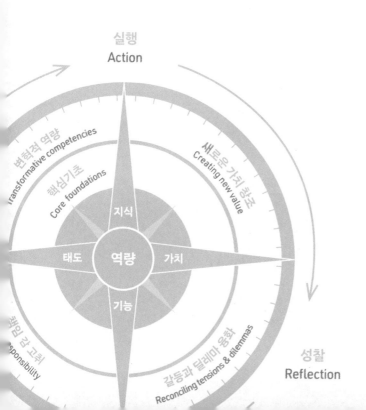

실행
Action

변혁적 역량
Transformative competencies

새로운 가치 창출
Creating new value

핵심기초
Core foundations

지식

태도   역량   가치

기능

책임감 고취
Responsibility

갈등과 딜레마 융화
Reconciling tensions & dilemmas

성찰
Reflection

학생이 어떤 사람으로 성장하길 바라는가?

"여러분은 여러분이 가르치는 학생들이 어떤 사람으로 성장하기를 바라나요?"

강의 때마다 선생님들에게 이런 질문을 던진다. 아주 다양한 답변들이 나온다.

영어 시험 100점 받기, 전교 1등 하기, 서울대 입학하기 등의 대답을 하는 사람은 한 명도 없었다. 교사들 대부분이 원하는 것은 기성품처럼 제공되는 자료나 교과서 진도에 따라 단순히 '내용을 전달'하는 행위가 아니라 자신이 계획한 수업에 학생들을 참여시켜 인간적인 성장을 도모하는 일이다. 상급 학교 진학과 사회생활 준비를 위해 수업을 통해 지식을 충분히 가르쳐야 하기도 하겠지만 태도와 습관, 역량 또한 길러주어야 한다는 사실에 다들 공감할 것이다. 2022 개정 교육과정 문건에서 필자가 평소 선생님들에게 하던 질문을 발견하고 반가운 마음이 들었다.

'어떠한 사람으로 성장시키고자 하는가?'
"시대적·사회적 변화상은 학교 교육을 통해 기르고자 하는 인재상, 학습자상에도 변화가 오고 있다. 복잡성이 증가하는 세상에서 필요로 하는 사람은 단순히 많은 내용을 기억하거나 반복적 인지능력을 발휘하는 것이 아니라 학습한 어떤 지식을 또 다른 상황에서 적용할 수 있는 사고력, 전이력, 수행력을 지닌 사람이다. 이는 학습 내용에 대한 '이해'가 충분할 경우 발현될 수 있는 능력이다."

그렇다면 우리는 과연 학생들에게 꼭 필요하다고 생각하는 역량을 길러주는 수업을 하고 있는가? 이 대답에 자신있게 그렇다고 대답하고 싶지만 현실은 그렇지 않다. 좀 더 솔직하게 그렇다고 대답할 수 있는 교사는 얼마나 될까? 교사와 학교의 역할은 무엇일까? 필자는 학생들이 자신의 삶을 주도적으로 선택해서 살아가는 힘을 길러주는 것, 학교라는 안전한 공간에서 최대한 다양한 경험을 할 수 있는 기회를 제공하는 것이 교사와 학교의 역할이라고 생각한다. 급변하는 세상에서 교육은 아이들을 무언가에 대비시키는 수준에 머무는 것이 아니라 무슨 일에도 아이들 스스로 헤쳐 나갈 수 있는 힘을 길러줘야 할 것이다. 필자가 생각하는 살아가는 힘이란 '문제해결력, 창의력, 공감 능력, 스토리텔링 능력(내가 한 경험을 나의 언어로 표현할 수 있는 능력), 성찰 능력(나의 경험에 의미 부여하기, 메타인지) 등이다. 학생들이 세상과 만날 기회를 주고, 익숙하지 않거나 잘 하지 못하는 일에 도전하고 덜 완성된 것이라도 세상에 꺼내 놓을 '창조적 자신감(creative confidence)' 또한 중요하다. 한마디로 요약하자면 교사와 학교의 역할은 학생들의 '주도성'을 길러주는 것이라고 생각한다.

살아가는 힘을 길러주는 데 효과적인 수업 방법으로 필자는 프로젝트 수업을 꼽는다. 앞으로 많은 새로운 수업 방법이 대두되더라도 프로젝트를 기반으로 한 이 학습의 중요성은 크게 달라지지 않을 것이다. 왜냐하면 우리 인생 자체가 프로젝트의 연속이기 때문이다. 실제 세상에서 어른들은 결혼식 계획부터 장거리 자동차 여행 등에 이르는 다양한 '프로젝트'와 씨름하게 된다. 아이들은 아이들대로 시험 계획이나 학교 행사 준비 등 다양한 프로젝트를 마주하게 된다. 이렇듯 인생은 프로젝트의 연속이다. 따라서 목표를 정하고, 그에 따라 복잡한 실행 계획을 세운 뒤, 필요한 자원을 동원해 '수행 기반 평가'를 성공적으로 마치는 일을 잘 배워두는 것은 누구에게나 도움이 된다.

잘 기획된 양질의 프로젝트는 재미있고 유의미한 주제와 쟁점, 과제를 중심으로 이루어지기 때문에 학생들의 흥미를 끈다. 프로젝트 수업은 전 과정에 교사와 학생 간의 상호작용이 녹아들어 있고, 학급 전체나 소그룹 토의와 토론이 빈번히 일어나며, 상황에 따라 테크놀러지도 활용한다. 학생들이 프로젝트 수행 과정에서 짧은 시간 내에 성취감을 맛볼 수 있다는 점 또한 프로젝트 수업의 장점이다.

프로젝트 수업을 통해 자기 주도적인 태도를 기른 학생들은 성공적인 사회생활을 위해 필요한 주도성을 갖출 수 있다. 팀을 구성하는 능력, 팀원들의 능력을 최대한 발휘할 수 있게 하는 능력, 마감에 맞춰 장기간의 복잡한 업무를 처리하는 능력 등 학생들은 프로젝트를 수행하면서 이러한 능력을 개발할 다양한 기회를 갖는다. 평소 교실에서 리더의 역할을 하지 못하는 학생도 프로젝트 안에서는 이러한 기회를 누릴 수 있다. 리더십 못지않게 중요한 것이 자기 관리 능력이다. 시간의 체계적인 관리, 독립적 과제 수행, 스트레스 관리, 솔선수범하는 태도 등 '제대로' 된 프로젝트에서는 이 모든 능력이 요구되며 프로젝트를 통해 이러한 역량을 기르는데 도움을 줄 수 있다.

급변하는 환경에서는 흔히 '투지(grit)'라고도 말하는 집요함과 회복력이 필요하다. 이러한 역량을 키우는 데 프로젝트 수업이 큰 도움이 된다. 프로젝트를 통해 쟁점을 다루고 문제를 해결하는 일은 단기간에 끝나는 것이 아니다. 또한 대부분의 프로젝트에서는 예기치 못한 변수를 맞닥뜨리게 된다. 프로젝트 진행 도중에 생기는 돌발 상황으로 인해 기존 계획을 수정하여 해결해 나가는 과정을 겪으며 학생들은 새로운 배움의 필요성을 깨닫게 되며, 그런 과정을 거치면서 자기 주도적으로 학습하게 된다. 때로는 교사가 의도한 것 이상의 지식과 역량을 습득하게 되기도 한다.

학교에서 배워야 할 역량 중 많은 부분은 교양을 갖춘 능동적인 시민이 되기 위해 필요한 역량들이다. 이웃과 어떤 쟁점에 대해 논의하는 일, 정부나 기업에 문제를 제기하고 협상하는 일, 혹은 단순히 선거에서 투표하는 일에도 비판적 사고와 정보 평가, 적절한 의사소통, 타당한 결정 등의 능력이 요구된다. 또한 직장에서와 마찬가지로 다양성의 사회에 사는 시민들은 협력을 통해 문제를 확인하고 해결할 줄 알아야 한다. 이러한 것을 연습하는 곳이 학교라는 공간이며 프로젝트 수업을 통해 학생들에게 다양한 경험을 제공하고 그 경험을 통해 여러 역량을 기를 기회를 줄 수 있다고 생각한다.

2
주도적인 사람으로
성장한다는 것은?

'여러분은 학생들이 어떤 사람으로 성장하길 바라는가? 학생들이 자신의 수업을 통해 어떤 역량을 기르기를 바라는가?'에 대한 선생님들의 답변을 종합해 보면, 결국 학생들이 주도적인 삶을 살도록 도와주는 것이 교사의 역할이라고 귀결된다. 교과 지식이 기본적으로 갖춰진 상태에서 여러 역량을 기르는 것이 주도적인 삶을 살아가는데 도움이 됨을 부정할 사람은 없을 것이다. 'OECD 학습 나침반 2030'에서도 전인적인 교육(웰빙)을 추구하고 있는 것과 일맥상통한다.

주도적인 삶이란 어떤 것일까? 공동저자로 참여한 『주도성』이라는 책에서 주도성의 개념 및 특성을 다음과 같이 제시한다. 주도성이란 '어떤 일의 ①주체가 되어 ②이끌거나, 부추기는 행위'이다.

다시 말해 주도성이 있다고 말하려면,
[①-1] 그 사람이 어느 단체나 어떤 일의 중심에 있는지
[②-1] 단체나 일의 목적을 달성하기 위해 이끌어가거나 서로 협력할 수 있도록 부추기는지를 살펴야 한다.

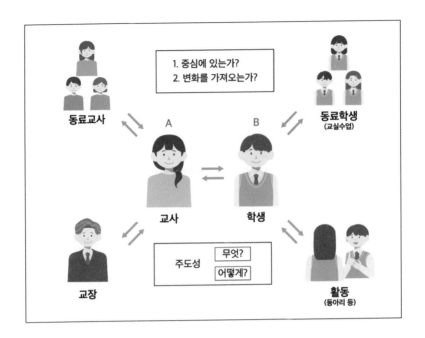

　스티븐 코비는 그의 저서 『성공하는 사람들의 7가지 습관』에서 주도성을 'proactivity'라고 말한다. 이것은 단순히 솔선해서 사는 것 이상을 의미한다. 이 말의 의미는 '자신의 삶에 책임을 진다는 뜻'으로 개인의 책임을 강조한다. 필자 또한 이 의견에 동의한다.

　주도성은 고정불변이 아니다. 주도적인 사람과 아닌 사람이 나눠지는 것이 아니라는 거다. 모든 사람은 주도성이라는 씨앗을 품고 있다. 이 씨앗이 햇살과 적당한 물과 흙을 만나 발아하는 시기와 형태가 제각기 다를 뿐이다. '상호작용'을 통해 그들이 품고 있는 열매를 고스란히 내놓는다. 개인의 역량과 처한 환경 조건과의 상호작용에 따라 주도성이 발현될 수 있는 것이다. 학생들이 품고 있는 주도성이라는 씨앗이 발아할 수 있도록 도와주는 것이 교사의 역할이라고 봤을 때 어떤 상황을 제시할지에 더해 지지와 격려, 상호작용과 소통에 집중해야 할 것이다. 주도

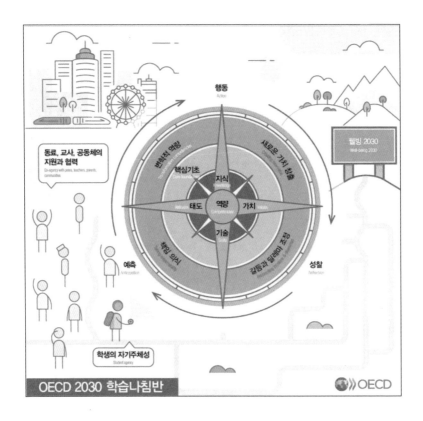

성은 책임감, 자기 관리능력, 리더십의 요소를 담고 있다. 위에서 언급한 살아가는 힘에 해당하는 요소들이다.

주도성 개념에 대한 이해를 위해 'OECD 학습 나침반 2030'을 다시 들여다본다. OECD 학습 나침반에서 교육의 목표를 '웰빙, 존재 지향적인 삶'으로 보고 있다. 이때 웰빙은 그냥 휴식하고 여행가고 편히 즐기는 것을 의미하는 것이 아니다. OECD의 웰빙 개념은 우리가 상급 학교에 진학해서 졸업하고, 직장 생활을 하고, 가정을 꾸리고 생활하면서 겪는 모든 일, 삶을 살아가는 자체를 의미한다. 그 과정에서 우리는 사람들하고 관계를 맺는다. 웰빙은 나의 개인적인 삶과 사회적인 삶의 조화를, 그 안에서 균형을 이뤄가면서 지속적으로 성장해 나가는 것을 의미한다.

'OECD 학습 나침반 2030'에서 가장 눈에 띄는 단어는 변혁적 역량이다. 변혁적 역량을 기르기 위한 첫 번째 요소는 새로운 가치를 만드는 것이다. 예를 들어, 코로나 상황에서 온라인 수업을 한다는 새로운 가치를 만들었다. 처음에는 아무런 대안이 없었다. 그런 상황에서 우리가 어떻게 출석 체크를 할지 어떻게 중간고사, 기말고사를 볼지, 어떻게 체육수업을 할지 등 여러 가지 긴장과 딜레마가 발생했다. 그런 긴장과 딜레마를 해소해야 했다. 긴장과 딜레마가 해소되면 모든 일이 해결이 될까? 꽤 오랜 시간이 지났음에도 코로나의 그늘에서 완전히 벗어났다고 말하기 힘들다. 아이들의 관계, 기초학력 문제 같은 여러 가지 문제들이 여전히 남아있다. 그래서 세 번째로 책임감을 가질 수 있어야 한다고 이야기하고 있다. 코로나 상황에서처럼 급격한 변화 속에서 아이들에게 줄 수 있는 건 아이들이 스스로 할 수 있는 능력을 키워주는 것이다. 아이들한테 미주알고주알 이야기해도 팔짱 끼고 듣고 있다 조금이라도 다른 문제가 나오면 '안 배웠어요. 이런 걸 해본 적이 없어요. 안 알려주셨잖아요'라고 한다. 이런 얘기가 나올 수밖에 없는 예측하지 못할 미래가 다가오고 있다. 그럴 때 필요한 역량이 변형적 역량이다.

그렇다면 변혁적 역량은 어떻게 길러줄 수 있을까? 첫 번째는 실천, 직접 해보는 것이다. 아이들이 참여하게 해야 한다. 행동하게 해야 한다. 왜? 참여하는 자만이 성찰할 수 있기 때문이다. 성찰하는 자만이 그다음에 '난 이렇게 해야 해'라고 예측할 수 있다. 예측하게 되면 더 좋은 행동으로 나아갈 수 있다. '행동-성찰-예측'이라는 이라는 이 사이클을 계속 돌면서 아이들은 변혁적 역량에 도달할 수 있는 것이다. AAR(예측-행동-성찰) 사이클은 학습자가 지속적으로 사고를 개선하고 의도적이고 책임감 있게 행동하여 '웰빙'에 기여하는 장기적인 목표를 향해 나아가는 반복적 학습 과정이다. 계획(예측)—경험(행동)—성찰을 통해 학습자는 이해를 심화하고, 관점을 확장한다.

학생 주도성은 아이들이 원하는 것, 선택하는 것을 다 하게 하라는 의미가 절대 아니다. 아이들이 그러한 주도성을 발휘할 수 있는 역량을 차근차근 길러줘야 한다는 의미다. 협력적 주도성(co-agency)이 중요하다. 아이들은 아직 온전히 성장한 것이 아니라서 옆에서 함께 도와줘야 한다. 아이들은 혼자서 유아독존으로 살아가는 것이 아니다. 다른 사람들과 협력해서 살아가야 한다. 주도성을 기르기 위한 교육의 관점은 교사와 학습자 모두 유능한 참여자로서 서로 연결, 협력적 상호작용을 통해 새로운 구조를 만들어 내며 동시에 각자 성장한다는 것이다.

3
학생 주도성을 돕는
프로젝트 수업

'학생 주도성'이라는 단어를 들었을 때 제일 먼저 필자는 프로젝트 수업이 떠올랐다. 2016년부터 5년간 PBL(Project Based Learning, 프로젝트 기반 학습, 이후 '프로젝트 수업'으로 통칭) 실천 학교에 근무하면서 프로젝트 수업을 적용할 수밖에 없는 상황에 놓이게 되었고 비슷한 시기 BIE[1]의 『프로젝트 수업 어떻게 할 것인가?』라는 책을 번역하게 되면서 좀 더 책임감을 갖고 주도적으로 프로젝트 수업을 연구하고 적용했다. 당시 근무하던 학교는 매주 수요일 오후에 교사 협의회가 있었다. 매월 학년별 공개 수업이나 대외 공개수업이 이루어지고, 교사 협의회도 활발하게 이루어졌다. 교사들의 프로젝트 수업에 대한 이해와 적용을 돕기 위해 프로젝트 수업을 전공한 교수님께 긴 호흡으로 3년 이상 컨설팅을 받기도 했다. 컨설팅 담당 교수님은 대외 공개수업을 하는 선생님들을 위해 평소에도 수업을 관찰하고, 여러 조언이나 아이디어를 주기도 했지만, 때때로 쓴소리도 마다하지 않았다. 필자의 경우 대외 공개수업을 준비하면

---

1 벅 교육협회(BIE, Buck Institute for Education): 프로젝트 기반 학습(PBL)을 연구하고 교사들을 지원하는 대표적인 미국의 비영리 교육단체이며, 프로젝트 기반 학습에 관한 한 가장 권위 있는 기관으로 손꼽힌다. (홈페이지 https://www.pblworks.org/ 2019년부터 PBL Works로 이름을 바꿈)

서 많은 발전이 있었다고 생각한다. 학교에서 해야 하는 정기적인 공개 이외에 외부 방문객이 있을 때 불시에 수업을 공개하기도 했다. 수업 공개를 통해 받은 격려가 더욱 적극적으로 수업을 연구하고 적용하는데 도움이 되었다. 프로젝트 수업 실천 학교에 근무하면서 수업을 반드시 적용해야 하는 피할 수 없는 상황에, 개인적으로 수업을 연구하고 싶다는 관심과 새로운 것을 비교적 쉽게 받아들이고 도전하는 개인적인 성향에, 동료 교사 및 컨설턴트와의 상호작용과 조언, 자극, 격려, 응원 등이 맞물려 필자가 프로젝트 수업 개발에 몰두하고 성장을 이룰 수 있었다고 본다. 절대 혼자만의 힘으로 이루어진 것이 아니라는 뜻이다.

필자에게는 프로젝트 수업을 적용하는 것이 하나의 '프로젝트'였고, 거듭될수록 프로젝트 수업에 대한 자신감을 가질 수 있었다. 물론 지금도 많이 부족하지만, 적어도 다른 사람에게 프로젝트 수업은 이런 것이고 해보니 이렇더라는 경험을 나눌 정도가 되었다. 주변 사람들에게 '프로젝트 수업은 이런 거예요. 해보니까 이랬어요'라고 이야기하는 기회가 많아질수록 더욱 열심히 수업을 연구하고 적용해 보게 되었다. 만일 혼자 한두 번 해보는 데 그쳤다면 지금처럼 이렇게 책을 쓸 기회도 없었을 것이다. 필자가 프로젝트 수업에 친숙해지고 수업에 대한 자신감을 얻고 성장한 과정과 학생들이 프로젝트 수업을 통해 성장하는 과정은 크게 다르지 않다고 생각한다. 필자에게 주어졌던 성장의 기회나 조건을 학생들에게도 제공하고 싶다는 생각을 늘 한다.

프로젝트 수업은 학생들이 현실 세계의 문제를 해결하거나 실제 프로젝트를 수행하면서 지식과 역량을 습득하는 학습 방법으로, 적극적인 참여와 협업을 요구하기 때문에 학생들의 창의성과 문제해결 능력을 향상시키는 데 큰 역할을 한다고 알려져 있다. 프로젝트 수업은 학습의 초반부에 실제적인 문제가 제시되는데 학습자가 맞닥뜨리게 되는 문제들은 결국 그 문제를 해결하는데 필요한 필수 지식과 문제해결 능력을 습득하기 위한 도구(수단)이다. 프로젝트 과정에서 새로 접하는 정보를 학생들은 자기 주도적으로 습득하게 된다. 촉진자나 안내자의 역할을 하는 존재(교사)가 있다는 것도 프로젝트 수업의 주된 특징 중 하나이다.

프로젝트 설계 필수 요소
출처: PBLWORKS

어떤 수업 이론이든 적용하는 사람에 따라 다양한 모습으로 구현된다. 필자가 구현하려고 노력해 오고 이 책에서 제시하고 있는 프로젝트 수업은 BIE가 내세우는 '제대로 된 프로젝트 수업(GSPBL)'[2]이다. GSPBL에서 '핵심 지식과 이해, 핵심 성공역량'을 최대로 끌어내기 위해 필요한 요소로 '어려운 문제 또는 질문, 지속적인 탐구, 학생의 의사와 선택권, 성찰, 비평과 개선, 공개할 결과물'의 총 일곱 가지 요소를 꼽고 있다. 이 일곱 가지 요소 모두 포함되어 있을 때 가장 이상적인 프로젝트 수업이라고 할 수 있겠지만 말 그대로 이상적인 것이기에 이 요소를 모두 포함하여 수업을 디자인하기는 쉽지 않다. 필자가 특히 중요하다고 생각하고 학생들에게 적용했을 때 효과가 컸던 요소를 두 가지만 꼽자면 '실제성'과 '공개할 결과물'이다. 두 요소는 서로 맞닿아 있다. GSPBL의 가장 큰 특징이라고 볼 수 있는 실제성과 공개할 결과물

---

2 Gold Standard Project Based Learning. BIE에서 내세우는 이상적인 PBL

이 학생 주도성을 어떻게 끌어낼 수 있는지는 마지막 장 수업 사례를 통해 자세히 살펴보게 될 것이다.

수업 과정 또는 결과물이 누군가에게 쓰임이 있을 때(자신이 누군가에게 영향력을 미치고 있다는 점을 깨달을 때) 학생들은 적극적이고 주도적이 된다. 프로젝트 수업 자체가 학생의 주도적인 참여를 전제하고 있지만, 특히 '나와 관련 있는가?', '세상과 연결되는가?'에 초점을 둔다면 학생의 주도성을 더욱 잘 이끌어 낼 수 있다. 주도성은 어느 날 갑자기 저절로 생기는 것이 아니다. 점진적 책임 이양이 필요하다. 주도성을 발휘할 수 있는 환경을 만들어주어야 한다. 이런 환경을 만들기 적합한 교수법이 프로젝트 수업이다. 수년간 프로젝트 수업을 실천하고 학생들을 관찰한 경험에서 하는 이야기다. 앞서 살펴보았듯이 주도성이 있다고 말하려면, 그 사람이 어느 단체나 어떤 일의 중심에 있는지 단체나 일의 목적을 달성하기 위해 이끌어가거나 서로 협력할 수 있도록 부추기는지를 살펴야 한다. 교사의 역할은 바로 학생 개개인이 주도성이라는 씨앗을 발아시키도록 돕는 것이다. 학생 개개인이 주도성을 발휘할 수 있도록 상호작용을 통해 끊임없이 자극하는 데 프로젝트 수업만큼 좋은 방법은 없다고 생각한다.

프로젝트 수업에서는 학생들의 동기를 유발하는 여러 요소들이 담겨 있다.

첫째, 협력적인 모둠 활동이 포함된다. 다른 학생들과 협력하는 것 자체가 동기를 유발한다.

둘째, 학생들의 의사를 존중하고 선택권을 준다. 자기표현과 의사결정의 기회를 갖는 것은 학생과 성인 모두에게 있어서 강력한 동기 유발 요소로 작용한다.

셋째, 실제성을 강조한다. 프로젝트를 통해 완성된 과업과 공개할 결과물이 지니는 실제성은 학생들의 참여도를 더욱 높여준다.

넷째, 새로움을 제공한다. 제시된 질문, 완성된 학문적 과업, 프로젝트 진행 과정 등에 새로움이 동반된다.

이처럼 프로젝트 수업은 학생들의 동기를 유발하고 참여를 높이는 강력한 촉매제 역할을 한다. 이는 어른들에게도 적용되는 이야기이다. 직업 만족도에 영향을 주는 요인에 대해 분석한 여러 연구에 따르면, 일에 의미를 부여하고 동기를 높이는 데 중요한 세 가지 요소는 다음과 같다.
(출처: 『프로젝트 수업 어떻게 할 것인가』, 137~138쪽)

1) 업무에 있어서 한 가지 기술만을 반복해서 사용하는 것이 아니라, 다양한 역량을 발휘하는 것이 요구될 때

2) 진행 중인 일의 과정에서 소외되어 제한된 분야의 한 가지 일만 할당받는 것이 아니라, 프로젝트의 처음부터 끝까지 참여하며 이를 완성하고 성취할 수 있을 때

3) 일터 안과 밖 모두에서 다른 사람들에게 영향을 줄 수 있을 때

좋은 수업은 학생들이 실제성을 지닌 과업에 처음부터 끝까지 참여하는 것이며, 동료와 함께 협력하며 세상에 의미 있는 결과물을 만들어내는 것이다. 프로젝트 경험을 통해 학생들의 주도성은 자연스럽게 촉진될 것이다.

4

학생 주도성은 영향력에서

: 프로젝트 수업을 통해 실제 세상과 만나게 하라

학생 주도성은 어디에서 올까? 필자가 가장 주목하는 부분은 수업의 과정 또는 결과물이 누군가에게 쓰임이 있을 때 자신이 누군가에게 영향력을 미치고 있다는 점을 깨달았을 때의 상황이다. 그저 이상적인 이론이 아니라 필자가 실제 수업에 여러 번 적용해 본 결과 실제성과 공개할 결과물은 강력한 효과가 있었다. 그중 한 가지 수업 사례를 살펴보려고 한다. 학생들과 '대구 소개하기 리플릿' 만들기를 진행했다. 당시 일본과의 국제교류가 진행되고 있던 해라 학교를 방문할 일본 학생들에게 직접 전달할 목적으로 리플릿을 제작하기로 했다. 영상이나 책자 형태로 만들지 않고 일본 학생들이 대구 관광에 바로 활용할 수 있는 리플릿을 공개할 결과물로 선정했다. 일본 학생들이 실제 청중인 셈이다. 4인 한 모둠으로 어떤 내용을 리플릿에 담을지 아이디어를 제시하고, 그림이나 사진 등을 활용해 소개할 장소를 담고 영어로 설명을 덧붙였다. 색지 앞뒷면을 접어서 총 8면으로 구성, 1인당 2면씩 내용을 채우도록 했다. 리플릿 완성 후에는 다른 모둠과 의견을 주고받았다. 대충 참여하던 학생들도 다른 모둠이 만든 결과물을 서로 돌려보며, 동료피드백을 주고받는 과정에서 자극을 받기도 한다. "아, 우리 모둠 결과물 왜 이래. 저 모둠 참 잘했네." 교사가 따로 잔소리하지 않아도 성찰이 저절로 일어난다. 동료피드백 후에는 프로젝트 과정 전체에서 배우고 깨달은 점을 나누는 성찰로 프로젝트를 마무리했다. 필자는 여기에서 멈추지 않고 학생들이 완성한 리플릿을 스캔해 인쇄소에 맡겨, 실생활에서 만나는 진짜 리플릿으로 제작했다. 인쇄소에서 받은 리플릿을 학생 한 명 한 명에게 나눠주었다.

"어, 선생님! 이렇게 만들 줄 알았으면 더 열심히 할 걸 그랬어요."

결과물을 더 잘 만들지 못했음에 아쉬워하는 아이들의 탄성이 여기저기서 들렸다. 그냥 활동지에 작성하는 것과 색지에 꾸미는 것과 실제 리플릿 인쇄물로 만드는 것은 학생들의 피부에 와 닿는 정도가 크게 다르다. 이것이 바로 공개할 결과물, 실제성의 효과라고 생각한다. 수업에 열심히 참여하라고 굳이 매시간 잔소리하지 않더라도 자신이 참여한 수업의 결과물이 실생활에 그대로 사용된다는 방향만 제시해도 학생들의 수업 과정 몰입도가 달라진다. 리플릿 만들기 활동은 이후 필자가 진행하는 프로젝트에 학생들이 열심히 참여하게 되는 하나의 계기가 되었다. 이와 더불어 학생들의 활동지나 활동 장면을 자주 찍는데, 처음에 쭈뼛거리던 학생들도 "선생님, 저 잘했지요?" 하며 자기 활동지도 사진 찍어 달라고 요청하기도 한다.

한 단계 더 나아가, 인쇄된 리플릿을 실제 시민들에게 나누어줄 지도로 제작할 수 없겠냐는 제안을 시청에 했다. 모든 아이가 영어를 잘하든 못하든, 그림을 잘 그리든 못 그리든 두 쪽은 책임지고 작성하다 보니 사실 결과물의 퀄리티가 그리 높지도 않았고, 실제 사실과 다른 내용도 있었다. 실제 지도로 제작하는 것은 어렵지만, 감사하게도 관광정보센터에 비치하겠다는 약속을 받았다. 나중에 학생들의 소속까지 담긴 리플릿이 비치된 인증 사진도 보내주셨는데, 아이들은 그 사진에 무척 뿌듯해했다. 남은 리플릿은 사회적 기업인 '공감 게스트하우스'에 기증했다. 지금도 외국인이 드나드는 게스트하우스 한쪽 벽면에 학생들의 손으로 직접 꾸민 대구 소개하기 리플릿이 장식되어 있다.

이외에도 학교 수업에서의 결과물이 실제로 누군가에게 쓰임이 있다

색지 리플릿 결과물

관광정보센터에 비치된 리플릿　　　게스트 하우스에 비치된 리플릿

는 사실, 학교 밖을 벗어나 실제 세상에 영향을 줄 수 있다는 사실을 학생들이 깨달을 때 주어진 과업에 집중하고 정성을 다하게 되는 것을 여러 프로젝트 수업을 진행하면서 관찰할 수 있었다. 1년 내내 프로젝트 수업을 할 수 없겠지만 수업 시간 결과물을 교실 밖 세상과 연결할 수 있는 기회를 학생들에게 한 번이라도 준다면 그 경험을 발판 삼아 학생들의 주도성을 이끌어낼 수 있다고 믿는다.

5
깊이 있는 학습과
프로젝트 수업

2022 개정 교육과정은 "모두를 아우르는 포용 교육 구현과 미래 역량을 갖춘 자기 주도적 혁신 인재 양성"을 비전으로 '포용성과 창의성을 갖춘 주도적인 사람'을 추구하는 인간상으로 내세우고 있다. 추구하는 인간상을 좀 더 구체적으로 살펴보면 다음과 같다.

- ☑ 전인적 성장을 바탕으로 자아정체성을 확립하고 자신의 진로와 삶을 스스로 개척하는 자기주도적인 사람
- ☑ 폭넓은 기초 능력을 바탕으로 진취적 발상과 도전을 통해 새로운 가치를 창출하는 창의적인 사람
- ☑ 문화적 소양과 다원적 가치에 대한 이해를 바탕으로 인류 문화를 향유하고 발전시키는 교양 있는 사람
- ☑ 공동체 의식을 바탕으로 다양성을 이해하고 서로 존중하며 세계와 소통하는 민주시민으로서 배려와 나눔, 협력을 실천하는 더불어 사는 사람

'자기관리 역량', '지식정보처리 역량', '창의적 사고 역량', '심미적 감성 역량', '협력적 소통 역량', '공동체 역량'을 핵심역량으로 들면서

2022 개정 교육과정도 역량 교육을 강조한다. 역량 교육이란 교과를 삶과 연계하여 깊이 있게 가르침으로써 학생들로 하여금 교과의 지식·이해, 과정·기능, 가치·태도가 통합된 교과 역량을 습득하여 그것이 교과 맥락을 떠나 실생활의 다양한 맥락에서도 발휘될 수 있도록 하는 교육을 의미한다.

2022 개정 교육과정에서는 또한 '깊이 있는 학습, 주도성'을 강조한다. '디지털 전환, 기후 생태환경 변화 등에 따른 미래사회의 불확실성에 능동적으로 대응할 수 있는 능력과 소양 및 자신의 학습과 삶에 대한 **주도성**을 강화한다. 교과 교육에서 **깊이 있는 학습**을 통해 역량을 함양할 수 있도록 교과 간 연계와 통합, 학생의 삶과 연계된 학습, 학습에 대한 성찰 등을 강화한다.'

우리가 지금 가르치고 있는 아이들은 어느 정도로 주도적이고 더불어 살고 창의적이며 교양 있는가? 이 아이들이 졸업할 때는 어느 정도로 주도적이며 더불어 살고 창의적이며 교양이 있을 것 같은가? 우리 아이들이 학교 교육과정을 통해 여러 역량을 길러 포용성과 창의성을 갖춘 주도적인 사람으로 성장할 수 있도록 교수·학습을 설계하고 진행해야 한다. 2022 개정 교육과정에서 제시하는 교수·학습 운영의 방향은 다음과 같다.

☑ 깊이 있는 학습을 통해 핵심역량 함양 교수·학습 설계, 운영
☑ 핵심 아이디어 중심 내용 연계와 통합
☑ 학생들이 수업에 능동적으로 참여하고 학습의 즐거움을 경험할 수 있도록 교수·학습 설계, 운영
☑ 교과의 특성과 학생의 능력, 적성, 진로를 고려하여 학습 활동과 방

법을 다양화하고 학교의 여건과 학생의 특성에 따라 다양한 학습

집단을 구성하여 학생 맞춤형 수업을 활성화

☑ 삶과의 연계성: 실세계 맥락 속에서 수행으로 경험

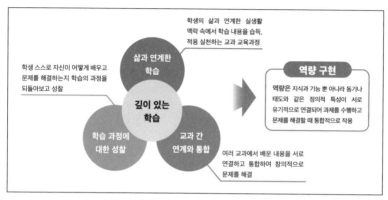

출처 : 교육부, (2021.11.24), 2022 개정 교육과정 총론 주요사항(시안)

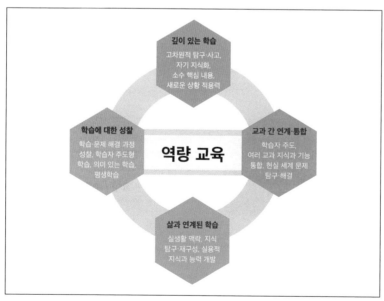

출처 : 교육부, (2021.11.24), 2022 개정 교육과정 총론 주요사항(시안)

2022 개정 교과 교육과정 교수·학습 운영 방향이 말하는 깊이 있는 학습이란 "학생이 학습 내용을 자기 지식화 혹은 체화하고 이를 통해 배운 것을 새로운 상황에 적용하고 문제를 해결할 수 있도록 소수의 핵심 내용을 깊이 있게 배우는 것을 의미한다."(온정덕, 2022) 학교는 깊이 있는 학습을 통해 다음과 같이 핵심역량 함양 교수·학습을 설계, 운영해야 한다.

- ☑ 교과(목)의 핵심 아이디어를 중심으로 지식·이해, 과정·기능, 가치·태도를 유기적으로 연계

- ☑ 교과 내 영역 간, 교과 간 내용 연계성을 고려하여 수업을 설계, 지도함으로써 학생들이 융합적으로 사고하고 창의적으로 문제를 해결하는 능력을 함양한다.

- ☑ 학습 내용을 실생활 속에서 이해하고 적용하는 기회를 제공함으로써 학교에서의 학습이 학생의 삶에 의미 있는 학습 경험이 되도록 한다.

- ☑ 학생이 여러 교과의 고유한 탐구 방법을 익히고 자신의 학습 과정과 학습 전략을 점검하며 개선하는 기회를 제공하여 스스로 탐구하고 학습할 수 있는 자기주도 학습능력을 함양할 수 있도록 한다.

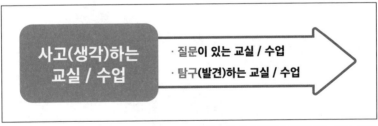

출처: 교육부, 서울시 교육청(2022), 「2022개정 교육과정 이렇게 바뀝니다」 총론, 15쪽

깊이 있는 학습의 수업·평가 적용

깊이 있는 수업은 학생들이 달성하기를 바라는 일련의 구체적으로 진술된 학습 목표를 갖고, 학생들이 성공적으로 탐구를 할 수 있도록 계획하고 준비하고, 목표에 대한 탐구와 학생 중심의 발견 기회를 많이 제공하고, 사고와 메타인지를 탐색하고 형성할 수 있도록 질문하고 성찰하는 의미 있는 시간을 준다.

프로젝트 수업이 추구하는 것 또한 흔히 인지과학자들이 말하는 '사용가능한 지식'을 발달시키는 것이다. 이러한 지식은 단지 시험을 위해서만 쓰이는 것이 아니라 일상생활과 문제해결을 위해 활용된다. 이는 상황 학습이란 개념에도 잘 부합하는데 상황 학습은 익숙한 실생활의 과제를 수행했을 때 배우게 되는 지식이 가장 큰 효과를 발휘한다는 개념이다. 그러한 지식은 더욱 잘 체계화되고 이전에 알고 있던 지식과도 잘 통합된다. 또한 학습자에게도 더 의미 있는 것으로 받아들여져 오래 기억되고 새로운 상황에서도 더 쉽게 해당 지식을 적용할 수 있다. 이는 위에서 살펴본 2022 개정 교육과정에서 추구하는 깊이 있는 학습과 크게 다르지 않다. 필자가 프로젝트 수업을 추천하는 이유도 2022 개정 교육과정에서 추구하는 깊이 있는 학습을 위한 교수·학습 방법과 맞닿아 있기 때문이다.

개념기반 탐구학습과 프로젝트 수업

개념기반 탐구학습이란 무엇인가? '탐구기반' 학습은 학습을 추진하기 위해 적극적으로 질문을 하는 것에 초점을 둔다. '개념기반' 학습은 학습을 조직하기 위해 전이가능한 '이해'에 초점을 둔다.

개념기반 탐구학습은 왜 해야 할까? 가르칠 내용은 많은데, 시간은 한정적이다. 세상의 수많은 지식을 다 알 수 있을까? 우리는 무엇을 어떻게 가르쳐야 할까? 핵심적인 지식은 전달되어야 하고 이를 통해 탐구와 같은 학생 참여 활동이 강조되어야 한다. 초복잡 초연결 예측 불가의 미래사회, 지식의 양은 방대해지고 지식의 수명은 짧아지고 있는 상황에서 학교에서 배운 것을 다른 상황에 적용할 수 있는 능력, 전이가 교육의 목표가 된다. 개념을 내면화할 충분한 경험이 필요하다. 깊이 있는 학습을 위한 하나의 방법으로 개념기반 탐구학습이 대두되고 있다.

'시대적·사회적 변화상은 학교 교육을 통해 기르고자 하는 인재상·학습자상에도 변화를 가져오고 있다. 복잡성이 증가하는 세상에서 필요로 하는 사람은 단순히 많은 내용을 기억하거나 반복적 인지능력을 발휘하는 것이 아니라 학습한 어떤 지식을 또 다른 상황에서 적용할 수 있는 사고력, 전이력, 수행력을 지닌 사람으로, 학습 내용에 대한 이해가 충분할

경우 발현될 수 있는 능력이다.' (임유나 (2022))

　　교육과정에 대한 개념적 접근은 내용 지식을 강조하던 전통적 관점에서 개념과 개념적 학습을 강조하는 것으로의 패러다임 대전환을 의미한다. (Giddens & Brady, 2007) 교육과정은 사고를 자극하고, 성찰하게 하며, 학습 주도성을 갖도록 설계되었을 때 학습에 대한 더 많은 동기를 유발하고 단지 기억하는 것 이상의 학습 경험을 만들어 줄 수 있다. 학창 시절 배웠던 것들을 성인이 되어 기억하지 못하는 이유는 이해 없이 알고리즘에 따라 단지 행했을 뿐이며 학습한 것과 실세계와의 관련성을 보지 못했기 때문이다. (임유나(2022)) 우리는 학습을 지식의 축적이라고 여겨왔다. 그러나 최근 연구에 따르면, 학습은 지식을 머릿속에 저장하고 그것을 상황에 맞게 인출하는 것이 아니다. 학습은 정보들을 서로 연결하고 패턴을 파악하고 만들어내는 과정이다. 대부분 교사는 학생들의 학습이 단순한 암기를 넘어 심층적 학습, 빅 아이디어, 통찰과 같은 이해에 도달할 수 있도록 하는 것을 목표로 한다. 앞에서 살아가는 힘을 길러줘야 한다는 필자의 주장과 통하는 면이다. 개념기반 수업의 최종 목표는 개념적 이해(=일반화, 영속적 이해, 빅 아이디어)에 이르는 것이다. 개념적 이해란 '(사실을) 안다. (개념적으로) 이해한다. (능숙하게) 적용한다' 이다. 이를 위한 교육과정이 개념기반 교육과정이다. 개념기반 교육과정에서 이야기하는 개념(concept)이란 주제(topic), 소재로부터 도출된 지적 구성체이다. 한두 단어 혹은 짧은 구로 특정한 시기와 상황에 적용되는 단편적이고 분절적인 정보인 사실과 차이가 있다. 개념은 ① 시간에 제한받지 않고(timeless) ② (정도는 다양하지만) 보편적이고(universal) ③ 추상적(abstract)이다. 개념기반 교육과정의 '일반화' 란 하나의 문장으로 두 개 이상의 개념 간 관계를 진술한 것이다.

개념기반 학습의 목적은 전이가능한 지식을 익히고 배우기 위함이다. 이는 프로젝트 수업의 목적과 일치한다. 개념기반 학습은 학생들이 이미 알고 있는 것으로부터 학습을 시작하고 체계적인 학습을 통해 아이디어를 다듬어가고자 노력한다. 개념기반 학습을 구현하기 위해 가르치는 범위를 줄여 깊게 가르쳐야 한다. 한 학기당 수업할 단원 수가 너무 많으면 진도 빼기에 급급해 지식과 기능의 습득에 의존하는 2차원적 수업을 하게 된다. 깊은 이해에 도달하지 못한 지식은 배워도 활용이(전이가) 어렵다. 단원 수만 줄이고 여전히 지식·기능 중심의 2차원적 수업을 계속한다면 가르치는 양을 줄이는 것의 의미가 없다. 학기마다 한두 번씩 하는 수행평가를 개념기반 학습 활동으로 대체하는 것도 현실적인 방법이다.

질문 줄기(question stems)	질문 예시
~에 대해 무엇을 알고 있습니까? 그것의 목적은 무엇입니까?	수에 대해 무엇을 알고 있습니까? 왜 우리는 수를 사용합니까?
언제 (무언가를) 했을 때 왜 (다른 무언가를) 했을 때 그 일이 일어났습니까?	탑을 높이 세웠을 때 그것은 왜 무너졌습니까?
어떻게~?	어떻게 물은 식물에 영향을 미칩니까?
만약 ~라면 어떻게 될까요?	만약 공동체에 규칙이 없다면 어떻게 될까요

출처: Julie Stern et al., 2018

개념적 이해에 도달하게 하려면 어떻게 해야 할까? 여러 전략이 있을 수 있지만 질문을 통해 개념적 이해에 도달시킬 수 있다.

개념기반 학습을 위해 안내 질문(guiding questions)을 활용한다. 안내 질문은 학생들의 사고를 촉진하고 개념적 이해(일반화)를 이끌어내기 위한 것이다. 학습 경험과 개념적 이해를 이어주는 가교역할을 하며 동기 유발의 도구이다.

일반화	안내 질문 (F: 사실적, C: 개념적, D: 논리적)
·세균은 질병의 원인이 될 수 있다. ·우리는 안전한 선택을 통해 세균의 전파를 예방할 수 있다.	·세균이란 무엇인가? (F) ·왜 사람들은 질병에 걸리는가? (F, C, D) ·세균의 전파를 어떻게 예방할 수 있는가? (F, C, D) ·개인의 선택이 공동체의 건강에 어떤 영향을 미치는가? (C, D)

출처: 2022 개정 교육과정의 '지식·기능·이해' 중심의 3차원 수업을 위해 '교과서 집필'과 '수업' 달라져야/교육을 바꾸는 사람들(21erick.org), 『생각하는 교실을 위한 개념기반 교육과정 및 수업』

질문을 활용하여 수업을 이끌어가는 것은 프로젝트 수업의 탐구질문을 떠올리게 한다. 탐구질문 만드는 방법에 대해서는 4장에서 자세히 다루기로 한다. 개념기반 학습을 위한 단원 설계 절차와 프로젝트 설계 단계 또한 상당히 닮아있다. 결과물을 먼저 선정하고 세부 계획을 세우는 과정, 확실한 목표를 가지고 프로젝트를 시작하는 과정, 사용가능한 지식을 추구한다는 점 등 비슷한 면이 많다. 이렇듯 프로젝트 수업은 깊이 있는 학습, 개념기반 학습을 위한 교수·학습 방법으로 손색이 없다.

프로젝트 설계 3단계

단계	고려할 내용
1단계: 상황 분석	대상 학생 및 참여 교사, 실시 시기 및 진행 기간, 단순 PBL 또는 복합 PBL 여부, 교과 융합 여부
2단계: 아이디어 구상	- 기존 프로젝트 활용하기 - 나만의 아이디어 만들기: 학교나 지역 현안, 시사, 실생활 문제, 교과 성취 기준, 학생의 삶 및 관심사 등에 따른 새로운 프로젝트 구상
3단계: 기본 틀 잡기	1. 학습 목표 수립: 핵심 지식과 이해, 핵심 성공역량(비판적 사고력/문제해결력, 협업능력, 자기관리능력) 2. 학습 결과물 선정: 프레젠테이션, 서술형 결과물, 구조물, 계획서 등 다양한 형태가 가능 3. 결과물 전시 방법 결정: 실생활에 실제 사용하는 결과물, 청중과 직접 만나는 프레젠테이션, 행사, 작품 전시, 출판, 포스팅, 메일 보내기 등 4. 탐구질문 작성: 학생 참여, 열린 정답, 학습 목표와 일치 여부 고려 5. 성찰 및 수정: 학생, 동료 교사 및 관리자 관점에서 성찰하며, 동료와 학생의 피드백을 받아 수정

※ 『프로젝트 수업 어떻게 할 것인가』를 참고하여 재구성

깊이 있는 학습을 위한 단원 설계 절차

2022 개정 교과 교육과정에서 강조하는 역량과 프로젝트 설계 필수요소가 거의 일치한다.

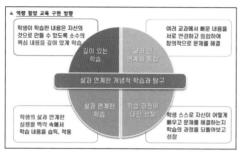

2022 개정 교과 교육과정 역량 함양 교육 구현 방향　　　　프로젝트 설계 필수요소

깊이 있는 학습을 위한 단원 설계 절차와 프로젝트 기본 틀 잡기 과정이 거의 일치한다.

단원 계획 절차(백워드 설계)	프로젝트 기본 틀 잡기
<u>원하는 결과 명시</u> 1. 단원의 목표 정하기 · 핵심 아이디어와 성취기준 설정 ▸ 내용 체계표와 성취기준 분석 ▸ 주제 및 소재 선정 · 탐구 질문 개발	1. 학습 목표 수립: 핵심 지식과 이해, 핵심 성공역량(비판적 사고력/문제해결력, 협업능력, 자기관리능력) 2. 학습 결과물 선정: 프레젠테이션, 서술형 결과물, 구조물, 계획서 등 다양한 형태가 가능
<u>판단 근거 설정</u> 2. 평가 정하기 · 지필평가와 수행평가 결정 ▸ 수행평가 계획 및 채점 기준	3. 결과물 전시 방법 결정: 실생활에 실제 사용하는 결과물, 청중과 직접 만나는 프레젠테이션, 행사, 작품 전시, 출판, 포스팅, 메일 보내기 등

학습 경험 설계	4. 탐구질문 작성: 학생 참여, 열린 정답, 학습 목표와 일치 여부 고려
3. 학습 경험과 교수·학습 전략 정하기	
· 차시별 운영 계획	5. 성찰 및 수정: 학생, 동료 교사 및 관리자 관점에서 성찰하며, 동료와 학생의 피드백을 받아 수정
▸ 차시별 교수·학습 내용	
▸ 형성평가와 피드백 방법	
▸ 디지털 활용	
▸ 개별화·맞춤형 수업 방법	
▸ 성찰 방법	

출처: 교육부, 2022 개정 영어과 교육과정, 『프로젝트 수업 어떻게 할 것인가?』

7
학생 주도성은
교사 주도성과 함께 간다

    학생들이 주도성을 갖지 못하는 원인은 무엇일까? 교사 중심의 강의식 수업방식, 과도한 학업 스트레스와 시간 부족, 지속된 실패로 인한 자아존중감 저하, 디지털 기기 의존과 즉각적 만족 추구(도파민 중독), 학생 개개인의 특성과 관심사를 고려하지 않는 진로 지도 등 여러 가지 요인이 있을 것이다.

    『주도성』(교육과 실천, 2023)에서 강조한 것처럼 학생 주도성은 교사 주도성과 함께하는 공동 주도성이 발휘될 때 안정적으로 자리 잡을 수 있다. 더불어 동료, 부모, 교육기관, 지역사회 등의 주도성이 함께 발현되어야 한다. 이것은 'OECD 학습 나침반 2030(learning compass 2030)'을 통해서도 알 수 있다. 교사가 주도성을 발휘하려면 교육 활동의 선택과 결정을 자유롭게 할 수 있는 환경이 마련되어야 한다. 교육은 단순히 지식 전달만으로 이뤄지는 게 아니다. 학생이 자신의 역량을 발전시키고, 자신을 둘러싼 세상과의 관계를 이해하고 기여할 수 있도록 도와야 한다. 학교 문화를 민주적으로 바꿔야 교사 주도성이 자리 잡을 수 있고 학생과 교사가 함께하는 공동 주도성도 발휘될 수 있다. 교사와 학습자의 상호 주도성은 깊이 있는 학습을 촉진할 수 있다.

"공동-행위주체성 발휘하기 위해서는 어린이에 대한 새로운 믿음이 필요하다. 첫째, 어린이를 발달 과정에서 부족한 존재로 보는 시각을 넘어서야 한다. O'Neill(2018)은 어린이를 미숙하거나 성인이 되지 않은 불완전한 존재로 보는 관점이 아닌, 이미 열정과 꿈, 상상력을 가진 완전한 인간으로 보아야 한다고 주장한다. Margarit(2021) 또한 어린이를 단순히 지식이 부족한 존재가 아니라, 이미 세상과 연결되어 있는 존재로 바라봐야 한다고 말한다. 둘째, 행위주체성은 개인의 특정 능력으로만 볼 게 아니라, 관계 속에서 자신을 알아가는 과정으로 이해해야 한다[Biesta & Tedder(2006)]. 예를 들어, 어린이의 놀이는 단순히 귀여운 행동이 아니라 교육적인 환경에서 자기결정을 보여주는 중요한 활동이다. McGregor & Frodsham(2022)은 놀이에 참여하는 어린이들이 미래를 생각하고, 과제를 수행하며, 집중하고 있다고 설명한다. 따라서 학습자의 행위주체성은 관계 속에서 강화되거나 약화될 수밖에 없다. 이를 위해 학습자와 질 높은 민주적 관계를 맺는 것이 중요하다. 개인에 대한 이해와 더불어 학습자와의 관계를 중시하는 접근이 필요하다."

이연선 교수님의 글 (「학습자 행위주체성(learner-agency)에 대한 새로운 이해와 어린이의 놀이를 통한 배움」)은 학생을 독립된 주체로 봐야 한다는 것과 민주적 관계를 강조한다.

스스로 배울 수 있다는 전제에서 모든 학생 활동 중심 수업이 가능하다고 생각한다. 교사가 설명하지 않으면 학생은 모른다는 고정관념에 빠져 있으면 교사는 학생 스스로 해볼 수 있는 기회를 허용할 수 없을 것이다. 필자 또한 설명을 내려놓기까지 꽤 오랜 시간이 걸렸다. 2014년 배움의 공동체, 거꾸로교실 등을 접하고 수업을 바꿔야겠다는 생각을 강하게 했다.

　학생을 행위의 주체자로 인정해야 한다. 학생을 지시하고 통제하고 가르칠 대상이 아니라 배움의 과정을 함께하는 행위 주체자로서 인식해야 한다. 학생들을 행위 주체자로 인정한다고 하여 학생이 혼자 고립적이고 배타적으로 학습하는 것을 허용하거나 하고 싶은대로 하게 내버려두는 것을 의미하지는 않는다. 학습은 혼자서 하는 것이 아니다. 교사, 동료 등과 협력적 소통을 통해 배우는 과정이다. 학생이 원하는 것만을 배운다거나 개인의 이익을 충족시키는 의미도 아니다. 학생의 흥미를 존중하되 학생이 배우고 싶은 것만을 배운다거나 일시적 충족에 머물지 않고, 사회적 영향력과 자신의 행동에 대한 책임감을 지게 해야 한다. 학생들이 지식을 단편적으로 습득하기보다 학습한 내용을 자신의 삶 속에 적용하도록 해야 행위 주체성이 커진다.

　학생 주도성은 학생에게만 맡겨둬서 길러지는 것이 아니다. 주도성에 담긴 자기관리 역량, 자율성 등의 가치는 교사를 비롯한 교육 공동체 구성원과 교육 관련 기관이 지녀야 할 역량이다. 학생 주도성을 키우기 위해서는 교사 주도성도 필요하다. 교사는 일방적으로 가르친다는 생각보다는 학생들이 주도하여 깊이 있는 학습이 될 수 있는 수업을 디자인하고 적용하고 학생들이 주도성을 발휘할 수 있도록 노력해야 할 것이다. 그렇게 하기 위해서는 교사에게 교육과정을 읽는 능력, 재구성하는 능력, 교과 내 또는 교과 간 융합을 이끄는 유연한 사고가 필요하다. 교육 정책이 바뀔 때까지 기다리기엔 너무 늦다. 교육이 바뀌고 사회가 바뀌어야 하지만 필요한 변화의 규모가 클수록 개인부터 시작해야 한다. 교사가 지금 바로 알맞은 교육을 실천해야 하는 이유이다. 개개인의 실천이 모인다면 결국 더 큰 변화를 위한 전환점이 만들어질 것이다. 교사인 우리가 먼저 주도적으로 움직여야 학생 주도성을 발휘하도록 도울 수 있다.

교사 스스로 교육과 전문성 개발에 대해 주체로 인식하고, 이에 대해 긍정적인 목표를 설정하며, 성찰하고, 자신뿐만 아니라 학생과 교육 공동체에 대해 책임감 있게 행동할 수 있는 역량을 교사 주도성이라 할 수 있다. 학생 주도성을 회복하는 교사 주도성 요인은 다음과 같다. 이는 뒤에서 살펴볼 프로젝트 수업에서의 교사의 역할과 거의 일치한다.

1. 자기 인식
- 학생들이 자신의 강점, 약점, 관심사를 발견할 수 있는 활동 설계
- 학생 개개인의 특성을 이해하고 존중하는 태도 보이기

2. 선택과 책임 부여
- 학습 내용, 방법, 평가 방식에 대한 선택권 제공
- 선택에 따른 책임을 인식하고 실천할 수 있도록 지도

3. 비계 설정(Scaffolding)
- 학생의 현재 수준에서 한 단계 더 나아갈 수 있는 도전적 과제 제시
- 필요에 따라 적절한 지원과 피드백 제공

4. 성찰 문화 조성
- 학습 과정과 결과에 대한 지속적인 성찰 기회 제공
- 교사의 수업 실천 및 성찰 나눔 확산
- 협력적 학습 환경 조성
- 학생들 간의 상호작용과 협력을 촉진하는 수업 설계
- 학생들이 서로의 주도성을 인정하고 지지하는 분위기 조성
- 실패를 통한 학습 장려
- 실패를 학습의 기회로 인식하는 문화 조성

- 도전에 대한 긍정적 피드백 제공

5. 협력적 학습 환경 조성
- 학생들 간의 상호작용과 협력을 촉진하는 수업 설계
- 학생들이 서로의 주도성을 인정하고 지지하는 분위기 조성

6. 실패를 통한 학습 장려
- 실패를 학습의 기회로 인식하는 문화 조성
- 도전에 대한 긍정적 피드백 제공

※ 교실혁명 선도교사 연수자료 재구성

'무엇부터 해야 할까?' 고민하는 것이 주도성 발현의 시작이라 볼 수 있다. 대상에 대한 애정, 관심, 열정, 관계에서 주도성은 출발한다. 학생 주도성을 이끌기 위해서는 학습자 이해 및 요구 분석이 선행되어야 한다. 단순히 학생들이 '좋아하거나 '흥미로워하는 것' 을 찾는 것에 그칠 게 아니라, 학생들이 '알아야 할 필요성을 인식하지 못하지만 실제로는 반드시 알아야 하는 것' 을 식별하는 과정이 필요하다. 교사의 역할은 학생들의 현재 관심사와 미래의 발전 가능성 사이의 균형을 찾는 것이다. 이는 학생들이 아직 인식하지 못하는 학습의 필요성을 발견하고 중요성을 이해시키는 과정이다.

학생 요구 분석과 함께 수업 설계야말로 교사의 전문성을 보여주는 영역이다. '수업 및 학습자 분석−교수 학습 방법 결정−적합한 활동 선택과 구조화−수업모델 완성' 의 단계를 거치며 자신이 구현하려는 수업 특징에 알맞게 수업 설계 모델을 유연하게 적용할 수 있어야 한다.
적합한 활동 선택과 구조화를 위한 원칙은 다음과 같다.

☑ 맥락: 학생이 실제 삶의 맥락에서 문제를 해결하도록 돕는가?

☑ 지식구성: 학생이 지식을 구성하고 자신의 경험을 성찰하도록 돕는가?

☑ 상호작용 및 협력: 학생들 간 상호작용과 협력을 돕는가?

☑ 맞춤교육: 학생의 사전지식이나 특성을 고려한 맞춤교육을 돕는가?

※ 교실혁명 선도교사 연수자료 재구성

    학생별 강점을 발굴하고 성공 경험을 갖게 하여 성장형 사고방식을 길러주는 것, 학생들이 불확실한 미래를 살아갈 힘(핵심역량)을 길러주는 것이 교사의 전문성이다. 학생들이 문제해결을 하는 과정에서 여러 역량 함양과 함께 주도성을 키울 수 있고, 교사가 교육과정 재구성을 통해 수업 자율성을 최대한 발휘할 수 있는 프로젝트 수업을 통해 학생 주도성을 길러줌과 동시에 교사 주도성도 발휘해 보기 바란다.

제2장

프로젝트 수업
이해하기

1
프로젝트 수업의
정의와 목표

프로젝트 기반 학습의 옥석을 가리는 데 널리 사용되는 것 중 하나가 벅 교육협회의 골드스탠다드 PBL(Larmar&Mergendoller, 2015)이다. 본 책에서 소개하는 프로젝트 기반 학습 요소는 GSPBL을 설명하는 것이며 필자가 소개하는 사례들도 GSPBL을 따르려고 시도한 과정에서 나온 것임을 밝혀둔다. 말 그대로 이상적인 PBL이기에 필자의 수업 사례가 GSPBL의 모든 요소를 만족시키고 있다고 보기는 힘들 수도 있지만, 프로젝트 진행 과정에서 학생들이 주도성을 발휘하도록 도운 부분에 초점을 두어 설명하려고 한다.

가. 프로젝트 수업의 정의

프로젝트 수업은 벅 교육협회(BIE, Buck Institute for Education)에 따르면 "복합적이며 실제적인 문제와 세심하게 설계된 (학습)결과물 및 과제를 중심으로 구성된 장기간의 탐구 과정을 통해 지식과 기능을 학습하는 체계적인 교수법이다. 우리가 실생활에서 맞닥뜨리는 문제는 하나의 학문만으로 해결할 수 없다는 점에 착안한 교육 방법이다. 이전까지 문제가 단순히 수업 시간에 배운 내용을 이해했는지 확인하는 부수적 도구였다면, 프로젝트 수업에서 주어지는 문제는 하나의 프로젝트로서 수업의 주된 구성요소이자 목표가 된다.

나. 프로젝트 수업의 목표

1) 핵심 지식과 이해(Key Knowledge, understandings)

프로젝트 수업은 학생과 교사 모두가 해당 과목에 깊이 파고들게 하는 수업 방법이다. 기본적인 개념 및 이해와 씨름하며 단순 암기를 넘어서는 배움이다. PBL의 궁극적 목적은 재미와 동기 유발이 아니라 지식과 이해이며, 나중에도 사용하고 적용할 수 있는 역량을 기르는 데 있다. 즐거움에 따른 동기 유발은 당연한 결과이며, 궁극적으로 주안점을 두어야 하는 것은 '학생이 무엇을 배울 것인가'이다. 프로젝트 활동은 수단일 뿐이다. 프로젝트 수업의 궁극적인 목표는 지식과 이해다.

2) 핵심 성공역량(Success Skills)

프로젝트 수업의 목표는 학생들의 이해를 높이는 것에서 더 나아가, 시간이 지난 후에도 사용하고 적용할 수 있도록 역량을 키우는 데 있다. 학생들은 배운 것을 총동원하여 최근의 쟁점을 분석하고 새롭게 나타난 문제를 해결하며, 민주적 논의 과정에 참여할 수 있어야 한다. 인지심리학자들은 이것을 '전이(transfer)'로 표현한다. 학생들은 그들이 배운 것을 새로운 상황과 문제에 전이할 수 있어야 한다.

학생들이 배운 것을 사용하고 적용할 수 있다고 하더라도 대학, 직장, 인생의 성공을 위해서는 추가적인 능력, '성공역량(Success Skills)'이 필요하다. 성공을 위한 핵심역량에는 '비판적 사고력, 문제해결력, 협업 능력, 자기관리 능력'이 있다. 학생들의 창의성이나 혁신적인 능력을 표현하도록 자극하는 것도 좋지만 그보다 더 중요한 것은 따로 있다. 모든 프로젝트가 반드시 갖춰야 할 것은 바로 학생들이 깊이 사고하며 문제를 해결하고, 다른 사람들과 일하며, 자신의 학습, 시간, 과업을 관리할 수 있도록 기회를 제공하는 것이다.

'성공역량'은 프로젝트의 학습 목표면서 동시에 프로젝트의 목표를 성취하기 위한 필요 과정을 나타낸다. 만약 학생들이 문제해결력을 갖추길 원한다면, 교사는 그들에게 문제해결을 연습할 수 있는 문제를 제공해야 한다. 비판적 사고력과 협업 능력, 의사소통 능력, 자기관리 능력도 마찬가지이다. 학생들이 이런 능력들을 배우기 위해서는 구조화된 학습 기회가 필요하고, 프로젝트 수업은 이런 기회를 제공한다.

2

프로젝트 수업의
역사

프로젝트의 시초는 16세기 이탈리아의 예술 학교로 거슬러 올라간다. 실제적인 실습을 위한 과제들이 주어졌는데, 이것이 '프로게티(Progetti)' 이다. 프로게티는 오늘날의 수준 높은 프로젝트 수업의 요소(어려운 과제나 문제, 실제성, 학생의 의사와 선택권, 비평과 개선, 공개할 결과물)를 모두 갖추고 있다. 미국의 교육학자인 킬페트릭(William H. Kilpatrick)은 학생 스스로 자유롭게 '목적'을 결정하도록 해 동기를 높이는 것이 프로젝트의 목표라고 생각했다. 그의 생각은 루소(J. J. Rousseau)부터 닐(Neil Postman)에 이르기까지 많은 교육학자들에게 영향을 끼쳤지만, 듀이(John Dewey)는 달랐다. 듀이는 전면적인 학생 선택권에 의문을 품었고, 목적 지향적 활동도 비판했다. 듀이는 활동의 중요성보다는 '사고행위'에 초점을 두었다. 듀이는 어느 정도는 학생의 의사를 반영하고 선택권을 부여하는 것이 필요하다고 생각했지만, 그것만으로는 결코 충분한 학습이 이루어질 수 없다고 보았다. 그리고 '배움이 일어날 수 있는 환경을 만드는 교사가 반드시 필요하다'고 생각했다.

프로젝트 수업의 배경 철학을 구성주의로 보고 있다. 구성주의는 우리의 머릿속에서 지식이 어떻게 습득되고 형성되는가를 연구한다. 학습자는 흥미 있는 문제를 접하게 되면 스스로 탐구하고 사고하는 방법을 배우게 된다. 교육은 아동의 경험 과정을 돕는 것이며 아동의 성장은 경험의 부단한 재구성이며, 이는 인간의 활동성과 환경과의 상호작용에서 나온다. 흔히 'Learning by doing' 경험을 통해 배우는 것을 강조한다고 알고 있지만, 배움 자체보다는 경험에 대한 '성찰'을 강조했다. 교육은 근본적으로 삶의 문제를 다루어야 한다고 보았다. 다시 말해 학교 교육은 학생들에게 자기 삶의 문제를 해결할 수 있는 경험의 기회를 제공해야 한다. 현실과 유사한 상황을 미리 제시하여 문제를 해결할 수 있는 고차원적 사고력을 향상시키는 것이 목적이다. 아이들 각자가 가지고 있는 이해의 틀은 다르다. 똑같은 현상을 접하더라도 다르게 이해한다. 구성주의의 지식은 상호작용을 통해서 얻어지는 것이다. 지식은 기억하기 위해 배우는 것이 아니라, 사용하기 위해 지식을 얻는다. 구성주의의 이런 특징은 앞서 언급한 주도성의 개념, 2022 개정 교육과정에서 이야기하고 있는 깊이 있는 학습과도 연결된다.

3
프로젝트 설계
필수요소

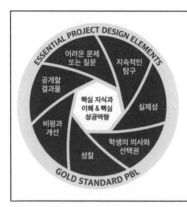

- **핵심지식과 이해 & 핵심 성공역량**
(Key Knowledge, understandings & Success Skills)
- **어려운 문제 또는 질문**
(Challenging Problem or Question)
- **지속적인 탐구**(Sustained Inquiry)
- **실제성**(Authenticity)
- **학생의 의사와 선택권**
(Student Voice & Choice)
- **성찰**(Reflection)
- **비평과 개선**(Critique & Revision)
- **공개할 결과물**(Public Product)

벅 교육협회에서 내세우는 보다 성공적이고 완벽한 PBL을 Gold Standard PBL이라 한다. 프로젝트 설계 필수요소를 카메라 렌즈에 비유하고 있는데 초점은 핵심 지식과 이해, 핵심 성공역량이다.

　프로젝트 필수요소 일곱 가지를 살펴보면 실제 청중을 대상으로 하는 결과물을 만들어내는 상황(맥락)을 문제(학생 개인에게 의미가 있는 문제) 또는 질문으로 제시하고 문제해결 과정에서 학생의 의사와 선택권, 성찰, 동료 및 교사와의 상호작용을 강조함으로써 학생의 주도성을 발휘할 수 있는 장치가 마련되어 있음을 알 수 있다. 필수요소 일곱 가지 각각에 대해 살펴보기로 하자. (출처: 『프로젝트 수업 어떻게 할 것인가』)

가. 어려운 문제 또는 질문(Challenging Problem or Question)

프로젝트 수업은 어려운 문제 또는 질문으로 프로젝트를 시작한다. '기억하기 위한' 지식이 아닌 '사용하기 위한' 지식 습득을 위해 필요하다. 새로운 지식을 습득할 뿐만 아니라, 언제 어떻게 이 지식이 사용될 수 있을지를 배우게 되어 장차 해당 지식을 사용하고 적용할 수 있게 전이된다. 질문은 학생이 중요한 것에 집중할 수 있게 하며, 필요한 정보와 불필요한 정보를 구분할 수 있도록 도와준다. 또 학생의 사전지식을 활성화시키기도 하는데, 바로 이 부분이 새로운 정보와 이미 알고 있는 정보를 연결시키는 과정의 핵심이다. 문제를 해결하는 과정에서 알게 된 지식과 이해는 학생에게 남게 되어 나중에 또다시 활용될 수 있다.

문제나 질문은 프로젝트 수업의 구조를 체계화하고, 학습을 의미 있게 만든다. 학습에 목적을 부여한다. 하나의 정답이 도출되는 구조화된 문제가 아닌 다양한 해답과 접근 방법을 요구하는 비구조화된 문제를 의미한다. 실생활에서 경험할 수 있는 문제, 전문가로서 접하게 되는 문제, 자신의 경험이나 삶과 관련되었다고 느끼는 문제, 구성원들이 협동해서 해결해야 하는 복잡한 문제 등이 제시된다. 보통 '탐구질문'의 형태로 제시되는데 탐구질문과 도입활동에 관한 것은 프로젝트 시작하기 단계에서 자세히 다루도록 하겠다.

나. 지속적인 탐구(Sustained Inquiry)

어려운 문제 또는 질문과 연결되는 개념이다. 단순한 정보 수집이 아니라 교사가 신중하게 기획한 탐구 과정을 수반하며, 학생의 많은 시간과 노력이 필요하다. 프로젝트 수업의 목표 중 하나인 성공역량(비판적 사고력, 문제해결력, 협업 능력, 자기 관리능력)을 기르려면 몇 번의 토론으로는 해결되지 않는 '어려운 문제 또는 질문'에 학생들이 직면하게 해야 한다. 어려운 질문을 해결하기 위해서는 충분히 생각하고 시간을 들여야 한다. '탐구'의 어원은 라틴어로 '질문하다'라는 의미다. '어려운 문제 또는 질문'은 주어진 문제를 해결하거나 질문에 대답하는 과정인 '탐구'를 시작하게 한다. 일반적인 프로젝트 수업은 "우리가 무엇을 알고 있나요?", "우리가 무엇을 알아야 하나요?"라는 질문과 함께 시작한다. 이런 질문들은 학생이 실행해야 할 조사와 연구, 완성해야 할 과업을 확인하고 자신이 만들어낼 '공개할 결과물'을 계획하도록 이끈다. 프로젝트 속 어려운 문제 또는 질문은 배움의 목적을 확고하게 한다. 우리는 학생들이 왜 배우고 있는지를 이해할 때, 또 배움의 목적이 무엇인지 알고 있을 때 더 빠르고 효율적으로 배울 수 있으며, 더 깊이 배운다고 생각한다.

동료들과 함께 발전하기 위해서는 모둠원들과 상호작용을 해야 하며, 스스로 시간을 관리해야 한다. 지속성을 유지하기 위해서 학생들 스스로가 자신의 성장을 확인할 수 있도록 눈에 보이는 장치를 마련하는 것이 좋다. 프로젝트 달력을 벽에 게시하는 것도 한 방법이다.

다. 실제성(Authenticity)

과제와 조건을 실생활과 비슷하거나 똑같이 만드는 것을 뜻하며, 해당 프로젝트를 통해 자신이 세상에 영향력을 행사할 수 있다는 느낌을 줄 수 있어야 그것이 강력한 학습 동기가 된다. 실제성은 학생의 동기를 향상시킬 뿐만 아니라 성취도를 높여주는 요인이다. 실제성은 일반적으로 학습의 경험을 가능한 '현실적'으로 만든다는 의미와 같다. 프로젝트를 실제적으로 만드는 여러 가지 방법과 수준은 다음과 같다;

① 프로젝트의 상황이 실제적일 수 있다.

　예시) 식당 메뉴판 만들기, 대통령 자문을 맡아 정책 대변하기

② 학생들이 완성하는 과업과 사용하는 도구를 '실생활'과 똑같이 만듦으로써 프로젝트를 실제적으로 만들 수 있다.

　예시) 웹 사이트 또는 학교 공간 디자인하기, 전시회 준비하기, 전화 설문 조사하기, 언론사에 편지 보내기 등

③ 프로젝트는 세상에 실제적인 영향을 줄 수 있다. 연구에 따르면, 실제적인 영향을 주는 프로젝트들이 특히 학생들의 동기를 강하게 유발시킨다고 한다.

　＊ 실제적인 프로젝트의 예시

　▸ 학생들이 학교운영위원회에 참석해 학교 운동장 재설계를 제안하는 프레젠테이션을 할 때

　▸ 어린 독자들을 위해 책을 쓰거나 개인 교습 프로그램을 만들 때

　▸ 야생동물 보호 구역을 위한 자금을 모으기 위해 카드를 팔 때

　▸ 기후 변화를 더 잘 이해하기 위해서 조사를 하고 데이터를 제출할 때

④ 프로젝트는 학생의 개인적인 관심사와 흥미, 인생 문제 등에서 개인적인 실제성을 가질 수 있다.

　예시) 학생 공동체의 요구 전하기, 박람회 준비, 이웃과 함께 하는 프로젝트 등

라. 학생의 의사와 선택권(Student Voice & Choice)

문제·질문을 어떻게 해결할지 스스로 판단하고 결정하는 연습 과정이라고 볼 수 있다. 프로젝트 수업은 프로젝트 전반에 걸쳐 학생들이 자신

의 아이디어를 표현하고 선택하도록 요구한다. 이런 요구는 학습과 동기 유발의 측면에서 중요하다. 학생에게 비판적 사고력과 문제해결력을 가르치고 싶다면 먼저 학생의 의사를 존중하고 선택권을 부여해야 한다. 학생들이 상황을 통해서 배울 수 있게 하려면, 행동의 자유를 준 뒤 그 행동에 대해 성찰하도록 해야 한다. 자율성이란 기본적 욕구와 학생의 능력을 인정해 주는 것이다. 이는 학생의 내적 동기를 불러일으킨다. 학생이 스스로 동기를 부여하며, 자신의 삶에서 논리적이고 현명한 선택을 내릴 수 있도록 돕는 것이 프로젝트 수업의 목표다. 프로젝트 수업 속에서 학생들이 표현하는 의사와 선택권은 이들이 삶에서 직면하게 될 무게감 있는 선택을 위한 훈련이 된다. 학생의 선택에 대해 존중하되 책임감을 부여해야 한다.

학생이 어느 정도의 선택권을 누릴지, 어떤 종류의 선택이 프로젝트 완성에 도움이 되는지를 결정하는 것은 교사의 몫이다. 예를 들어 큰 주제는 교사가 제시하되 각 모둠별로 세부 주제를 선택하게 할 수 있다. '대구에 거주하고 있는 외국인의 불편한 점 해결하기 프로젝트'에서 모둠별로 다른 문제점을 찾아 해결하도록 했다. 신용카드 발급 절차 단순화, 대중교통 문제, 언어 문제, 인종차별 문제 등을 모둠별로 선택했다. 우리 학교 공간 디자인하기에서처럼 개인 아이디어를 먼저 받고 같은 아이디어를 가진 학생들끼리 모둠을 구성할 수 있다. 학생들이 만든 질문으로 수업을 운영하거나 결과물 제작 방법에 자율성을 부여하는 것도 한 방법이다.

마. 성찰(Reflection)

성찰을 프로젝트 활동의 핵심으로 만든 것은 '인지적 사고행위'를 강조한 듀이의 영향이다. 100여 년 전, 듀이는 "우리는 경험에서 배우지 않는다. 우리는 경험에 대한 성찰로부터 배운다"고 했다. 학생과 교사는 프로젝트 내내 성찰해야 한다. 탐구와 프로젝트 활동이 효율적이었는지, 결과물의 수준은 어떤지, 장애물은 무엇이었으며, 어떻게 그 장애물을 극복할 수 있었는지에 대해 프로젝트 내내 성찰이 필요하다. 한 인간의 사고 과정에 성찰이라는 요소가 가미되었을 때 심리학자들은 그것을 메타인지라고 한다. 표면상으로 성찰은 학생이 프로젝트를 통해 발전하고 필요할 때 자신의 행동을 수정하도록 한다. 내면적으로는 자신이 사용하고 있는 문제해결 전략과 학습에 대한 인식을 제공한다.

바. 비평과 개선(Critique & Revision)

프로젝트 수업은 비평과 개선을 통해 학생의 결과물을 향상시키는 것을 중요시한다. 따라서 교사, 전문가, 멘토 등의 어른들과 동료 학생들로부터 학습에 대한 피드백을 받는다. 이를 통해 학생들은 자기 자신의 공부 수준을 점검하고 개선할 기회를 얻는 한편, 서로의 작업을 면밀히 살피는 법을 배우고, 어떻게 하면 발전을 위한 제안을 할 수 있는지 배운다. 학생의 역할은 단순히 교사가 결정한 과업을 수행하는 것이 아니다. 학생은 자신의 학습 성과를 이해하고 관리해야 한다. 여기에는 자신의 성장 정도를 평가하는 것, 학습에 대해 책임감을 가지는 것, 동료 학생들과 함께 학습을 통해 얻은 성과가 무엇인지 알아보는 활동에 참여하는 것 등이 포함된다. 학생들이 교사, 전문가, 멘토, 동료 학생의 피드백을 받고 결과물을 개선할 기회를 줘야 한다.

비평과 개선, 성찰의 도구로는 채점기준표, 동료평가 및 자기평가, 러닝로그, 교사 피드백과 시연 등이 있다. 형성평가 예시는 다음과 같다. 필자도 러닝로그 등 여러 가지 형태의 형성평가를 활용했고 그런 장치들이 학생들의 수업 참여도를 높였다고 생각한다.

퀴즈/시험	프레젠테이션 연습
학습저널/학습일지	메모/기록
사전계획/개관/프로토타입	체크리스트
초고	개념지도
온라인 시험/교실 시험	기타: 교사 관찰

형성평가 예시

사. 공개할 결과물(Public Product)

프로젝트 수업은 학생의 학습 결과물을 반드시 공개하는 것을 원칙으로 한다. 학습 결과물의 독자나 청중이 교사로 국한되어 있던 것과는 달리 프로젝트 수업에서는 교실 밖 실제 청중이나 독자를 염두에 두기 때문에 학습 결과물이 공공성을 띠게 된다. 프로젝트 수업은 학생이 만들어낸 결과물을 교실 밖의 청중들과 공유할 기회를 제공한다. 이를 통해, 결과물은 더욱 실질적이고 중대한 것으로 인식된다. 그래서 학생들이 결과물을 만드는 데 최선을 다하도록 이끄는 효과가 있다. 교사와 학생 모두 학습에 더욱 심혈을 기울이게 된다. 프로젝트 수업은 프로젝트 마지막에 전시회나 지역사회 모임, 온라인 등을 통해 공식적으로 학생들의 결과물을 전시하고 설명한다. 결과물은 프레젠테이션, 출판물, 온라인 게시물, 연극 전시회 등 다양한 형태를 지닌다.

공개할 결과물은 학생 참여를 증가시킨다. 「직업 만족감과 동기에 관한 연구」에 따르면, 사람들은 자신이 영향을 줄 수 있다고 여기는 일을 할 때, 다양한 역량이 필요한 일을 할 때, 시작부터 완성까지 통제할 수 있는 일을 할 때 일에 더 헌신적으로 몰입하게 된다. 이것은 PBL의 정의와 다름없다. 여기서 첫 번째 결론, 즉 영향을 줄 수 있다고 여기는 일을 할 때 생겨나는 동기에 주목하자. 공개할 결과물을 통해 학생들은 그들의 결과물이 가치 있고, 교사뿐 아니라 다른 사람들에게도 진지하게 받아들여진다는 것을 알게 된다. 동료 학생, 교사, 외부 전문가 혹은 제품 사용자들로부터 자신의 결과물에 대한 피드백을 받을 때 학생은 이를 깨닫게 된다.

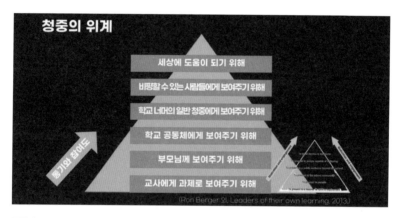

학생이 만들 수 있는 공개할 결과물의 유형				
프레젠테이션	서술형 결과물	미디어와 기술	구조물 형태	계획 형식
·연설 ·토론 ·구술 발표 ·라이브 뉴스 ·토의 ·연극 ·시 낭송 ·스토리텔링 ·뮤지컬, 춤 ·강의 ·공공 이벤트 ·상품 광고	·연구/실험 보고서 ·편지 ·소책자 ·대본 ·블로그 ·사설 ·서평 ·훈련 교본 ·도감, 백과사전	·오디오 녹음 /팟캐스트 ·슬라이드 쇼 ·그림 ·콜라주/스크랩북 ·포토 에세이 ·비디오/애니메이션 ·웹사이트 ·어플리게이션	·소규모 모형 ·소비 제품 ·가구/기계 ·운송 수단 ·발명품 ·과학 기구 ·박물관 전시 ·건축물 ·정원	·제안서 ·사업 계획서 ·디자인 ·입찰 혹은 견적 ·청사진 ·타임라인 ·플로우 차트 (업무 흐름도)

※『프로젝트 수업 어떻게 할 것인가?』 내용 재구성

프로젝트 결과물이 하나의 수업 목표가 되어 차시별 동기부여가 된다. '지금 내가 이걸 왜 하지?' 라고 물었을 때 프로젝트 수업 결과물과 청중을 위해 한다는 의식이 있다면 좀 더 책임감을 가지고 주도적으로 임하게 될 것이다.

> **4**
> # 프로젝트 수업에 대한
> # 오해와 진실

가. 프로젝트 기반 학습에서 가장 중요한 것은 '프로젝트'이다

프로젝트 기반 학습이라는 말에서 가장 강조되어야 하는 것은 프로젝트가 아니라 '학습'이다. 교사가 자신이 가르치는 학생들이 일정한 기간에 걸맞은 분량의 학습 내용을 배우면서 이를 뛰어넘는 이해와 실천 역량을 반드시 기르도록 지원하는 것이야말로 수준 높은 프로젝트라 할 수 있다. 내용에 따라서는 새로 접할 때 지시적인 방법이 더 효과적일 수 있다.

존 하티에 따르면 PBL이 기초 지식 습득 단계에서 도입되거나 기초 지식 학습이 충분히 이루어지기 전에 도입되었을 때는 효과가 거의 0에 가깝거나 심지어 학습에 부정적인 영향을 주기도 하지만, 학생에게 충분한 기초 지식이 있고 좀 더 깊이 있는 개념 학습에 대한 준비가 된 경우에는 효과가 증가하는 것으로 나타난다고 한다. (Hattie & Donogue, 2016)

프로젝트 기반 학습에서도 점진적 책임 이양이 필요하다. '한번 해 봐라' 하는 식으로 학생의 자유의지와 적극적인 시도에만 맡겨두는 것이 아니라, 학생에게 어려운 문제를 제시하여 내용과 씨름할 기회를 주고, 내용을 얼마나 이해했는지 확인한 다음 학생의 요구에 맞춰 수업을 조정하는 방식으로 이루어져야 한다. 교사는 프로젝트를 꼼꼼하게 설계해야 한다.

나. 프로젝트 수업에서 학생은 반드시 스스로 학습을 계획하고 진행해야 한다

앤드류 라슨(Andrew Larson, 2016)은 배울 내용에 대한 적절한 체계가 없는 아이들에게 스스로 공부하라고 요구하는 것은 무책임한 일이라고 했다. 교사의 지식과 경험, 그리고 전문성을 활용해서 학생들이 어떤 개념이나 기능, 혹은 역사적 사건을 이해하도록 도와주는 일을 망설이거나 포기해서는 안 된다. 물론 아이들에게 비판적 사고, 적용, 평가, 종합과 같은 고등사고 능력을 활용하도록 요구할 수 있으며 또 당연히 그렇게 해야 한다. 그렇지만 교사는 이런 일을 가능하게 하는 환경과 체계를 먼저 제공해야 한다. 학습 과정의 초기 단계에 있는 학생들에게는 보다 지시적인 교수법이 필요한 경우가 많다. 이 단계에서 교사는 학생을 직접 가르치고 구체적인 피드백을 제공한다. 학습이 후반부로 진행되면서 교사의 역할은 자원의 제공이나 자기 성찰적 질문을 활용한 피드백의 제공, 학습 결과 공유 방식을 결정할 기회를 제공하는 쪽으로 점차 변화해 간다. 학생들이 자신이 어느 단계에 있으며, 어디로 가고 있는지, 또 다음에 무엇을 해야 할지 정확히 알고 있는 것이 중요하다.

다. 프로젝트 수업은 결과물을 완성하는 것으로 끝이 난다

프로젝트 수업은 결과물을 공개한 후 배움의 전 과정을 성찰하고 축하하는 것으로 끝난다. 동료평가, 성찰의 과정이 반드시 필요하다. 그저 결과물을 완성하는 것만 강조하는 것이 프로젝트 수업은 아니다. 미적 요소만을 평가하는 학습 산출물을 만들어내는 데 많은 시간을 할애하기 보다는 중요한 내용을 학습하는데 할애해야 하며 프로젝트 전 과정에 대한 성찰이 필요하다.

　프로젝트 수업을 통해 학생들은 학습에 대한 주인의식, 자신의 배움이 다른 사람들에게 영향을 줄 수 있음을 직접 경험한다. 실생활의 문제를 적극적으로 해결하려는 자세를 배운다. 프로젝트 수업은 자신의 학습에 주인이 되어야 하고 또 그렇게 될 수 있다고 믿으며, 현재 자신이 살고 있는 세상에 공헌하고 영향을 줄 수 있다고 전제하기 때문에 잠재력이 크다.

　프로젝트 수업의 장점은 학생들에게 지식과 기능을 전이 단계의 문제에 적용하게 될 것이라는 분명한 기대를 제공하는 데 있다. 이거 지금 왜 하느냐가 아니라, 결과물을 만들어내기 위한 과정임을 이해하게 된다면 주어진 과제에 더욱 몰입하게 된다. 그렇더라도 결과물을 완성하는 것 자체가 목적이 아니라 그 과정에서 학생들이 무엇을 깨닫고 배웠는지가 중요하다.

라. 프로젝트 수업 진행 시 교사는 가르치면 안 된다

　일반적인 고정관념과 달리 프로젝트 수업에도 강의식 수업이 들어 있다. 학생이 프로젝트 수업을 수행하기 위해 필요한 기초 지식과 역량은 강의를 통해 가르쳐야 한다. 단, 어떤 시기에 어느 만큼의 강의를 제공할지는 교사가 학생의 상태, 프로젝트 진행 과정을 고려하여 판단한다. 프로젝트 수업에서도 여전히 체계를 갖춘 수업이 가능하며 기존의 교수법을 사용해도 무방하다. 특히 처음 시도하는 몇 번은 사전에 주요 구성요소를 설계하고 프로젝트 일정을 상세히 짜보는 것이 좋다. 학생 참여 정도를 일반적인 프로젝트 수업보다 제한하는 것도 도움이 된다.

교사에게 프로젝트 수업 경험이 쌓이게 되면, 어느 정도까지 프로젝트를 느슨하게 운영해도 될지 판단할 수 있게 된다. 그리고 필요하다면 언제든지 강의와 구조화된 수업 등 기존의 교수법을 사용해도 전혀 문제될 것이 없다. 기존 강의식 수업과 프로젝트 수업에 차이가 있다면 학생들 스스로가 강의 내용이 프로젝트에 필요하다는 점을 분명히 인지하고 있기 때문에 강의에 더욱 집중한다는 사실이다.

가르칠 내용을 모두 다 프로젝트 수업으로 하고 그 내용을 다 담는 것이 아니라 경험을 통해 배울 수 있는 부분을 프로젝트로 담는다. 프로젝트 수업을 기획할 때 학생들에게 필요한 기초 지식과 역량이 무엇인지, 이 수업을 통해 배우게 될 내용 지식은 무엇인지, 수업 후 어떤 역량을 기를 수 있는지를 파악하고 강의식으로 가르쳐야 할 것과 학생들이 경험을 통해 배울 것을 구분해야 한다. 모든 것을 교사가 다 가르친 후 연습하는 단계에서 프로젝트를 활용하지는 말자.

모든 학생들이 익혀야 할 주요 내용은 반드시 개별 활동으로 구성한다. 모둠 활동 시 모둠원의 역할 분담을 할 때 내용으로 나누고 역할 분배를 명확히 해야 한다.

마. 해보기만 하면 학습이 일어난다

교사들은 프로젝트 수업을 할 때 학생들의 참여도가 얼마나 높은지에 대해 이야기한다. 참여가 학습의 동력이 될 수 있다는 점에서 이는 좋은 일이다. 하지만 참여와 배움은 분명히 다르다. 프로젝트를 계획할 때에는 학생들의 사전지식과 인지능력을 유념해야 한다. 프로젝트를 설계할 때 학생들의 사전지식에 기반해야 하며 프로젝트가 진행될수록 부족한 지식의 간극을 채울 수 있도록 구성해야 한다. 이를 위해 교사와의 상호 작용과 비계 이외에도 다른 학생이 참여하는 또래 지도와 토의, 테크놀 로지 등이 학생의 탐구 활동을 지원하는 데 이용될 수 있다. 특별한 과정 을 요구하는 프로젝트 혹은 정교한 인지능력이 필요한 프로젝트의 경우 라면 강의, 시범, 연습 등을 통해 학생들이 배울 수 있는 기회를 반드시 제공해야 한다. 필요할 때 학생의 사고와 수행을 잘 지도하고 비계를 제 공해야 한다.

5
프로젝트 수업에서
교사의 역할

프로젝트 기반 교수
(Project Based Teaching)

프로젝트 수업에서 교사들은 가르치지 않는가? 확실하게 가르치고 있다. 프로젝트 수업에서도 교사는 여전히 전문가이자 멘토이며 동기유발자, 학습의 평가자이다. 프로젝트 수업에서 교사의 역할은 아주 중요하다. 학생들이 스스로 학습과제를 완수하고 문제를 해결할 수 있도록 학생의 학습 능력을 키워주는 역할을 한다.

필요하다면, 팀 활동 중간에 프로젝트와 관련된 미니 강의를 넣어서 팀 할동에 필요한 지식을 제공하기도 한다. 이 경우 학습자들이 받아들이는 이해도가 강의식 수업과는 다르다. 프로젝트 과제해결에 필요한 지식이기 때문이다.

오늘날 프로젝트 수업이 탄생하게 된 중심에는 킬패트릭에 대한 듀이의 비판과 더불어 '인지적 사고행위'에 대한 강조가 있다. 배움이 일어날 수 있는 환경을 만들어 주는 교사가 반드시 필요하다는 것이 듀이의 생각이었다.

교사는 학생이 사고하고, 탐구하며, 성찰할 수 있는 상황을 만들어내는 존재다. 즉 프로젝트를 구상하고 계획하는 일을 한다. 교사는 학생이 배울 가치가 있는 것을 붙들고 씨름할 수 있도록 이끌고, 학생이 성공할 수 있도록 학습에 대한 비계(scaffolding)와 자료를 제공해야 한다. 학습 과정을 평가하고 학습 목표에 도달하도록 학생을 참여시키고 지도해야 한다. 생산적인 프로젝트를 위해 학생에게 최대한 많은 책임감을 부여하고, 학생들이 프로젝트의 목표를 파악하고, 그들 자신의 배움에 대해 책임감을 갖도록 프로젝트 과정을 관리해야 한다. 이러한 실천을 '프로젝트 기반 교수법(Project Based Teaching)'이라 정리할 수 있다. (출처: 『프로젝트 수업 어떻게 할 것인가』, 29-30쪽)

교사의 역할은 학습 결과를 정기적으로 점검해서 피드백을 제공하고, 학생 스스로 자신이 사용하는 학습 전략의 실효성을 평가하도록 유도하기도 하며, 다른 친구들의 학습에 어떤 영향을 주었는지에 대해서도 돌아보게 한다. 배울 내용의 범위와 깊이, 학습에 도움이 되는 전략, 실패에 대처하는 자세 등 학습에 도움이 되는 환경 조성을 위한 지침, 피드백 주고받기를 위한 효과적인 대화 수단 등에 대해 충분한 공감대가 형성되어야 한다. 과업이나 결과물을 완성할 수 있도록 학생을 도와준다든지 모둠 관리와 같은 일을 하면서도 주요 학습 내용을 철저히 배우는 것을 목표로 하는 수업을 제공해야 한다. 학생들이 서로의 자원이 되어 학습에 대한 자신감을 기를 수 있도록 독려해야 한다. 또 아이들을 생각하게 만들고, 그러한 사고 과정이 밖으로 드러나게 하여, 그 결과에 따라 학습을 진행시켜야 한다.

프로젝트 기반 교수(Project Based Teaching)에서 교사의 역할은 프로젝트 설계 및 계획하기, 프로젝트 성취 기준에 맞추기, 문화 조성하기, 프로젝트 운영하기, 비계 제공하기, 학생 평가하기, 학생의 학습에 관여하고 지도하기 등이다. 프로젝트 수업 과정 그 자체라고 해도 과언이 아니다. 다음 장에서부터 하나씩 자세하게 살펴보도록 하자.

제 3장

주도성을 키우는
프로젝트 수업
문화 조성하기

1
성장 마인드셋 장착하기
: 실패 좀 해도 괜찮아!

　프로젝트 수업 이전에 학습의 특성에 대해 잠시 생각해보자. 학습은 성공보다 실패 경험이 더 많을 수밖에 없다. 이를 참고 견뎌낼 힘이 있어야 한다. 학습이 일어나려면 엄청난 노력과 의지, 참을성이 반드시 필요하다. 이 과정은 어떤 믿음, 혹은 마음가짐에서 시작되는데, 이는 바로 지능은 쉽게 변하며 매우 구체적인 행동을 통해 변할 수 있다는 믿음이다. 학생들의 능력은 유전적 요인이나 배경이 아니라, 개인의 노력과 성실함을 통해 결정된다는 믿음을 공유해야 한다.

　이러한 성장형 사고방식을 통해 학습자는 누구나 수준 높은 학습이 가능하다는 믿음을 갖게 된다. 공부를 열심히 한다는 것은 생각을 많이 한다는 것이며, 생각을 많이 한다는 것은 효과적인 학습을 위해 끊임없이 성찰하면서 전략을 수정한다는 뜻이다. 학생 스스로가 자신도 높은 수준의 학습을 할 수 있으며, 의도적인 행동을 통해 그것이 가능하며, 그렇게 될 것이라고 믿어야 한다. 프로젝트 수업 문화 조성에서도 물론 성장 마인드가 중요하다. 성장형 사고방식을 주입시키는 방법 중 하나는 바로 학생이 자신의 상태를 지속적으로 점검하면서 비평과 개선 과정을 거치는 것이다. 프로젝트 결과물을 개선할 기회를 통해 배움에 깊이를 더하게 된다. 프로토타입은 전진을 위한 실패를 허용한다. 피드백을 참고하여 다음 단계를 결정하고, 자신이 수행한 바를 성찰하여 개선하며, 지도와 조언을 받아들임으로써 자신의 학습이 더욱 향상될 수 있다는 사실도 깨닫게 된다. 성장형 사고방식을 지닌 학습자는 실수도 배움의 한 과정으로 인식하게 되어 더욱 적극적으로 피드백을 요청하며, 피드백에 대해서도 훨씬 수용적이다.

학습은 대단히 사회적인 행위이며, 따라서 학생의 자신감은 친구나 교사와 함께 공부하며 서로를 응원하고 서로에게서 배우면서 생기는 힘과 떼려야 뗄 수 없는 관계에 있다. 협력은 학생들이 개인과 집단의 학습을 향상시키기 위해 사용하는 일종의 수단으로 정의할 수 있는데, 이 협력이라는 수단을 통해 학생들은 서로에게 학습 자원이 되어준다. 수행 능력 측정, 아이디어의 공유와 상의, 피드백 교환을 위해서는 명시적으로 합의된 지침과 함께 구조화된 절차를 정립하여 사용하는 것이 좋다. 동료들과 피드백을 주고받도록 독려하는 일은 학생의 학업은 물론 관계 형성에도 매우 유익한 것으로 밝혀졌다.

현재 진행 중인 프로젝트나 수업의 학습 목표가 어느 정도로 명확한지 알아보기 위해 학생에게 다음과 같은 질문을 하는 것도 좋다.

▶ 학습의 목적은 무엇인가?
▶ 현재 자신의 위치는 어디인가?
▶ 다음에 할 일은 무엇인가?

프로젝트 수업 문화에 관한 내용을 벽에 붙여두거나 탐구 과정을 구조화해 학생들에게 명확히 알리기, 학생 질문에 반응하거나 학생들 사이의 대화를 지도하며 문화를 형성할 수 있다.

문화는 학생의 의사와 선택권, 지속적인 탐구, 집요함의 연료로 작용한다. 긍정적인 문화는 하루아침에 만들어지지 않는다. 누구나 참여하는 포용적인 학습자 공동체를 만들려는 지속적인 노력에서 비롯된다.

'틀려도 괜찮다, 해보면서 배운다'는 인식을 학생들에게 심어줄 필요가 있다. 이는 비단 프로젝트 수업뿐만 아니라 모든 수업 시간에 학생들에게 필요한 자세이다. 필자는 학기 초 첫 시간에 수업에 임하는 다짐과 영어 수업 규칙 등을 소개하고 학생들의 의견을 나누는 과정을 반듯이 갖는다. 프로젝트 수업 시 문제해결 과정에서 학생들은 다양한 역량을 필요로 한다. 교과 지식뿐만 아니라 자료를 검색하거나 친구나 교사의 도움을 요청하는 등 여러 상황이 발생할 수 있다. 이 과정에서 자신의 의사를 표현하고 생각을 정리하는 능력이 반드시 필요하다. 이런 능력은 속성으로 만들어지지 않는다. 평상시 수업에서도 자주 학생들이 생각하고 표현하는 연습을 할 수 있도록 해야 한다.

영어 수업 시간 배움을 위한 나의 다짐

1. 나는 지킬 것은 지키는 내가 자랑스럽다.

2. 나는 배운 것을 실천하는 내가 자랑스럽다.

3. 나는 꾸준하게 배우려고 노력하는 내가 자랑스럽다.

4. 나는 다른 사람들을 존중하는 내가 자랑스럽다.

5. 나는 모르는 것이 있으면 반드시 물어볼 것이다.

6. 나는 친구가 물어보면 친절하게 대답해 줄 것이다.

7. 나는 내가 할 수 있다고 믿고 최선을 다할 것이다.

8. 최선을 다했는데 못한다 하더라도 나는 그것에 도전한 나를 자랑스러워 할 것이다.

9. 나는 다른 사람이 이야기 할 때, 바라보며 듣고, 반응하며 듣고, 공감하며 들을 것이다.

10. 나는 긍정의 힘으로 나를 응원한다.

올해 영어 시간 나의 목표는? / 영어 실력 향상을 위한 다짐

-
-
-

나는 알고 있다.

이 모두가 나 하기에 달렸다는 것을

2024년   월   일 이름: (서명)

(앞으로 수업에서 기대되는 점, 선생님에게 바라는 점을 적어주세요.)

짜잔문화

❖ 짜잔 게임
- 틀려도 괜찮아. 정신
실수했을 때, 민망할 때는 다같이 '짜잔' 해요~

❖ '언젠가는 꽃이 될거야'
https://www.youtube.com/watch?v=UZoXQWJuRjU

틀려도 괜찮아 통화책 보여주기

수업 준비

*** 수업 시작할 때 웃음 인사
- 손뼉치고 발 구르며 미소로 환호하기
*** 수업 끝날 때
-사랑합니다, 고맙습니다.
-Thank you Everyone~~
*** 억지로라도 웃으면 진짜 즐거워집니다.
우리 모두가 즐거운 수업이 선생님이 바라는 수업입니다. 웃으며 바른 자세로 인사합시다!

경청하기, 존중하기

1. 선생님이 침묵신호나 집중박수로 집중을 유도했을 때 경청하기
- 지적 당할 시 그에 따른 책임이 따름! 노력지!!
- 경청하는 태도는 존중하기의 기본
- 다른 사람을 존중하지 않는 사람은 자신도 존중받을 수 없다.
-말하는 사람의 눈을 보며, 맞장구 치기

질문하기

1. 모르는 것이 있을 땐, 구체적으로 질문하기
2. 친구가 질문했을 때 친절하게 가르쳐주기
3. 모둠 내에서 해결하는 것이 원칙,
-모둠 내 해결이 어려울 경우 다른 모둠 친구들에게 도움을 구하거나 선생님에게 질문 가능
4. 단어 찾아보고 문장 해석했는데도 이해가 안 될 때 선생님한테 질문하기

오리엔테이션 때 활용하는 슬라이드 예시

환대, 소통, 참여, 존중 등 긍정 분위기 조성을 위해 수업 첫 시간부터 지속적으로 학생들이 사소한 것부터 지킬 수 있도록 안내한다.

첫 수업 시간 정현종 시인의 〈방문객〉을 함께 읽고 서로 존중하고 환대하자고 한다. 중학생이 되기 위한 체력 테스트도 빼놓지 않는 첫 시간 루틴인데, 영어 시간에 규칙을 잘 지키지 않으면 선생님이 체력 단련을 시킬 거라는 협박(?)까지 곁들인다.

문화는 학습과 대단히 밀접한 관련이 있어서 '숨은 교육과정'이라 부른다. 수업 문화는 프로젝트 수업에서 특히 중요성을 지닌다. 탐구, 도전, 집요함, 자기주도학습과 같은 목표를 달성하고자 한다면 문화를 그저 운에 맡겨두어서는 안 된다. 프로젝트 수업에 적합한 문화를 조성하기 위해서는 교사와 학생 모두의 지속적인 노력과 관심이 필요하다. 학년 초에 더 많은 노력이 필요하지만, 문화 조성은 지속적인 노력을 요하는 일이다. 문화 조성은 프로젝트 한 번이나 슬로건 하나 또는 모둠 단합 활동 한 번으로 가능한 일이 아니다. 프로젝트를 하나씩 해나가면서 학생 모두가 프로젝트 수업에 성공하는 학습 환경을 만드는 데 필요한 가치와 습관, 일상적인 활동을 계속해서 강화해 나가야 한다. 문화 조성을 위한 몇 가지 전략을 살펴보자.

1) 공동의 규범을 만들고 긍정 슬로건을 활용한다

프로젝트 수업에서 공동 규범은 포용적이고 서로 존중하며 공정한 학습 문화를 든든하게 떠받친다. 학생과 교사가 서로를 어떻게 대할지와 학습 공동체로서 그들이 소중하게 여기는 것에 관해 합의된 사항을 정한다. 공동 규범과 함께 긍정적 슬로건을 활용하는 것도 좋다. 학생과 교사는 이에 더해 수신호와 간단한 제스처를 사용하여 규범을 강화할 수 있다. 필자의 경우 침묵 신호로 '라마'를 활용한다. '라마!'라고 외치면서 수신호를 하면 학생들이 교사에게 집중하기로 학기 초부터 약속이 되어 있다. 학생들에게 이 신호는 꽤나 인상적인지 집중도가 상당히 높다. 이런 수신호나 수업 시간 규칙 등은 개학과 동시에 첫 시간에 안내를 하고 지속적으로 지킬 수 있도록 지도한다.

필자의 경우 학기 초에 수업 진도를 바로 나가기보다는 최소 5차시 정도 할애해서 수업 시간에 지켜야 할 규칙이나 영어 수업을 위한 기초 근육을 다지는 데 시간을 할애한다. 모둠 활동도 첫날부터 시킨다.

수업 규범을 작성할 때 학교 차원의 합의사항을 기본으로 하되, 그 내용에 추가하는 방식을 사용하기도 한다. 담임 반에 적용했던 '십계명'을 학년 전체에 적용하기도 했고 클래스도조(Classdojo)라는 프로그램을 활용해서 학년 전체 생활지도를 하기도 했다. 학급이나 수업 시간에 벌어지는 상황에 대해 어떤 규칙을 적용하면 좋을지에 대해 학생들에게 직접 의견을 물은 적도 있다.

● 영어 수업 오리엔테이션 ●

수업 시간: 수업 참여하기, 들어주기(경청, 존중), 모르는 것 열심히 물어보기, 친구들과 함께 학습하기, learning log 작성하기 등
기본모형: 소집단 협력학습 서로 가르치기
수업 후: 그날 배운 거 그날 복습하기

수업 규칙 1

1) 책, 노트, 파일은 꼭 필요합니다. 반드시 자신의 이름을 적어 둡니다.
- 수업시간에 받은 유인물은 버리지 말고 파일에 잘 정리합니다.
- 노트 필기, 과제, 유인물 정리, 수업태도 등은 과정중심평가에 반영됩니다.
2) 수업 시간에 필요 없는 물건들은 서랍 속에 넣어둡니다.
- 학원 숙제 등은 압수. 반성의 기미가 보이면 종례 후 돌려줍니다.

수업 규칙 2

Ignore Bell-수업 시작종이 치면 선생님이 들어오시기 전 모든 준비물을 챙겨 자리에 앉아 있습니다. 수업 마침종이 치더라도 선생님의 허락 없이 교실을 나가서는 안 됩니다. 수업준비도 관찰 기록 된다는 거!!!

수업 규칙 3

- 선생님과 수업을 시작할 때 다 같이 박수를 치며 환호성으로 시작합니다.
- 마칠 때에는 'Thank you, teacher~'라고 인사를 하고 마칩니다.
- 침묵신호-라마! 를 외치면 다 같이 집중!!

수업 규칙 4

- 수업 시간 금지어: 왜요, 몰라요, 싫은데요, 아닌데요 등

수업 규칙 5

- 규칙을 어기는 사람은 선생님의 특별한 사랑과 노력지를 선물합니다!!수업 방해 지도 예시: 1회 경고, 2회 영어 노력지, 3회 벌점&담임샘 알림 등

이 종이를 교과서 맨 앞장에 붙이고 내용을 숙지하도록 합니다.

☆즐거운 영어 시간을 위해 나 자신과 타인, 우리 모두를 존중합시다!!☆

오리엔테이션 자료에 제시한 영어 시간 규칙 예시

2) 물리적 환경도 중요하다

(1) 프로젝트 담벼락(project wall) 활용하기: 게시판이나 눈에 띄는 전시 공간을 할애하여 현재 진행 중인 프로젝트의 모든 정보를 관리하는 공간으로 활용한다. 임박한 마감일, 중요한 일정을 강조하거나 학생들에게 탐구 질문을 상기시킬 수 있으며, 꼭 알아야 할 내용이나 자료를 알려주기도 한다. 이는 정적인 게시물이 아니라 프로젝트가 진행되면서 계속해서 진화해 나간다. 프로젝트 담벼락은 결과보다는 바로 지금 진행 중인 학습에 초점을 둔다.

시제품을 만들어내고 개략적인 초고를 작성하는 일에 수반되기 마련인 생산적인 무질서를 숨기지 말고 확실하게 드러내자. 학생들이 진행 중인 작업 자체를 질문과 관찰, 형성적 피드백 제공의 기회로 활용하자. 잘 다듬어진 최종 결과물을 선보일 기회는 앞으로도 얼마든지 있을 것이다. 학생들의 참여 과정을 그대로 드러낸다. 좋은 결과물만 엄선하는 것이 아니라 과정을 그대로 공유한다는 의미이다.

디지털 공간을 활용한 온라인 프로젝트 센터 역시 같은 기능을 하는데, 학생들이 인터넷에 접속하면 언제든지 이용할 수 있다는 장점이 하나 더 있다. 구글 클래스룸이나 패들렛, 캔바, 북크리에이터 등 에듀테크를 활용하여 프로젝트 진행 과정을 학생들과 공유할 수 있다.

(2) 문장 완성자(sentence starters) 활용하기: 토론에 적극적으로 참여하기 위해 다른 사람보다 생각할 시간이나 도움이 더 필요한 학생도 있는데, 문장 완성자는 이들이 원활한 토론을 할 수 있게 도와준다. '저는 이 문제를 다르게 봅니다. 왜냐하면 ~'이나 '~에 대해서 생각해 본 적 있나요?'와 같은 문장 완성자 활동은 논증과 비판적 사고를 촉진한다. 우리

말이 서툰 다문화 학생에게는 안전한 환경이 되어주기도 한다. 어떻게 하면 생산적이고 적절하게 대화에 참여할 수 있는지를 학생들에게 잘 알려주기 때문이다. 문장 완성자를 출력하여 칠판이나 벽에 게시하거나 모둠별로 유인물로 배부하여 활용할 수 있도록 한다.

3) 도구와 절차, 루틴

학생들이 프로젝트로 배우는 과정에 도움이 되는 도구와 절차를 이용하자. 일정표, 모둠일지, 과제 진척 점검표와 같은 도구는 학생들이 진행 상황을 계획, 정리하거나 확인하는데 도움을 준다. 간단한 설문조사나 온라인 시스템을 이용할 수도 있다. 교사가 직접 교실을 돌아다니면서 학생들의 활동을 관찰하는 것도 좋은 관리 전략이다. 프로젝트 관리 도구는 생산성과 자기관리를 위한 것이다. 지금까지 우리가 해낸 것, 다음에 해야 할 일과 마감 기한, 그리고 누가 무엇을 할지를 분명히 할 수 있다. 프로젝트 관리 도구와 절차를 통해 할 일을 잘 알고 일을 체계적으로 진행할 수 있으므로 학생들은 자신의 학습에서 더 많은 주도권을 가질 수 있다.

수업 루틴이란 학생들이 별다른 감독 없이 의식적으로 인지하지 않은 상태로(습관으로서) 그리고 자신의 의지로 교사의 유도 없이 하는 자동화된 절차나 시스템을 말한다. 프로젝트 수업에서는 루틴이 학생 스스로 자신의 학습을 관리하도록 돕기도 하고 심층적 사고를 장려하기도 한다.

학생들이 프로젝트에 대해 의문이 생길 때마다 선생님부터 찾는 상황은 자기 주도성을 기르는 데 도움이 되지 않을 수도 있다. 그래서 다음과 같은 간단한 규칙을 도입했다. '질문이 있을 때는 먼저 모둠의 누군가에게 질문을 합니다. 만약 해결되지 않으면 다른 모둠 친구에게 묻습니다. 그런 다음 잠시 멈춰서 스스로에게 질문을 던지고 지금까지 모은 정보를 바탕으로 스스로 답을 해봅니다. 그래도 여전히 의문이 남는다면 선생님한테 오세요'라고 말하면 아이들이 선생님에게 하는 질문의 내용이 활동 절차나 방법에서 교과 내용으로 바뀌게 된다.

익숙한 절차는 학습활동을 위한 시간과 집중력을 지켜주기 때문에 효율성을 높이고 수업 운영을 개선한다. 루틴은 반복을 통해 자동화되고, 절차나 방법에 대한 설명이나 교사의 감독을 최소화할 수 있다.

갤러리 워크

피드백에 집중하기 위한 갤러리 워크와 같은 절차를 사용하면 학생들은 비판을 주고받는 법과 피드백을 이용해 향후 활동을 향상시키는 법을 배울 수 있다. 프로젝트 기간 중 형성평가의 일환으로 한 번 이상 갤러리 워크를 실시해 보자. 여기서 주의할 점은 어떤 종류의 절차를 진행하든 항상 실시 전에 학생들이 비판적 피드백을 교환하는 법을 알고 있어야 한다는 점이다. 그 과정에 대해 직접 시범을 보이거나 역할극이나 문장 완성자 등의 활동을 하여 건설적 비판의 문화를 조성하고 강화해 보자.

갤러리 워크 방법

갤러리 워크의 목적은 다른 학생들이 진행 중인 산출물을 관찰할 기회를 갖고 다음 단계에 영향을 줄 수 있는 건설적인 피드백을 제공하는 데 있다.

평가할 대상을 교실 벽에 게시하거나 화면에 띄운다. 글, 스토리보드,

시제품, 기타 여러 형태가 가능하다. 피드백을 어떤 식으로 줄 것인지 결정한다. 포스트잇에 적어서 작품 옆에 붙일 수도 있고, 작품 옆에 부착된 피드백 양식에 적을 수도 있다. 디지털 도구로 피드백이나 질문을 남길 수도 있다.

학생들이 집중해서 봐야 할 것을 반드시 알려준다. 평가 기준을 설명해 주거나, 채점기준표나 체크리스트를 길잡이로 사용하게 한다. '좋은 점(I like)'은, '바라는 점(I wish)'은, '궁금한 점(I wonder)'은과 같은 문장 완성자 사용을 권장하여 피드백의 틀을 잡아준다.

학생들은 조용히 교실을 돌아다니며(디지털 방식인 경우 화면을 넘겨보며) 피드백을 실시한다. 작품 하나하나에 충분히 평가할 시간을 준다.

갤러리 워크가 끝나면 결과물을 만든 개인이나 모둠에게 자신이 받은 피드백을 읽고 성찰하게 한다. 그런 다음, 다음 단계 계획이나 수정 계획을 세운다.

▶ 피드백을 작성하기 전에 설명이 필요한 작품이라면 모둠원 한 명을 작품과 함께 남겨둔다.

▶ 작품을 만든 학생들 스스로 특별히 피드백을 받고 싶은 부분에 관한 질문 한두 개를 만들어 붙여둘 수 있다. '이 결과물이 우리가 목표로 하는 대상에게 설득력이 있을까요?' '설득력 있는 근거를 제시하고 있나요?' 등

이외 다양한 절차를 활용할 수 있다. 사고력 활동 기법(thinking routines) 으로 '생각, 짝, 나누기(Think, Pair, Share)'나 '보고, 생각하고, 궁금해하기 (See, Think, Wonder)'와 같은 사고력 활동은 내용 이해에도 도움이 되며 사고 습관을 길러준다.

시작 인사, 마무리 멘트 등도 문화 형성에 중요하다. 필자의 경우 수

업 시작할 때 학생들이 박수와 환호로 교사를 맞이하게 한다. 즐거운 마음으로 수업에 임하자는 취지로 하는 루틴이다. 마칠 때는 'Thank you teacher'를 외치게 한다.

러닝로그

필자가 수업에 활용하고 있는 루틴 한 가지를 더 소개한다. 수업의 마지막 단계에서 성찰 활동을 강조한다. 매 차시 혹은 하나의 수업 활동을 마무리하면서 학생들에게 주기적으로 다양한 형태로 러닝로그를 쓰게 한다. 성찰 활동에서 학생들은 자신의 학습을 스스로 돌아보게 된다. 이 활동이 꾸준히 이루어지면 성찰은 하나의 사고 습관이 된다. 러닝로그를 통해 학생들 스스로 자신의 배움을 성찰하기도 하지만, 학생들의 소감을 보고 교사는 수업에 대한 아이디어를 얻기도 한다. 아이디어를 얻을 뿐만 아니라, 학생들의 긍정적인 피드백에서 수업에 대한 자신감

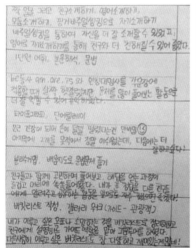
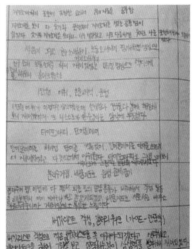

러닝 로그 작성 예시

도 얻을 수 있다. 주기적인 피드백을 통해 학생들과 더욱 가까워질 수도 있다. 학생들의 건의 사항을 반영하는 선생님은 학생들에게 가장 인기 있는 유형 중 하나이다. 학생들이 작성한 러닝로그 예시는 다음과 같다.

4) 기념과 축하

축하를 위해 반드시 프로젝트가 끝날 때까지 기다릴 필요는 없다. 하이파이브나 함성, 주먹인사 등 간단한 방법으로 프로젝트가 진행되는 동안 펼쳐지는 작지만 중요한 성과들을 기념할 수 있다. 이러한 과정을 통해 길러지는 능력들(비판적 피드백을 교환하거나 다른 관점을 이해하는 힘)이 학교뿐만 아니라 실생활에서도 중요하다는 점을 학생들에게 이해시킬 필요가 있다. 필자의 경우 학생들이 만든 결과물로 실용적인 도구를 만들어 나누어주거나 책 만들기 후 출간 기념회를 하는 등 프로젝트 하나를 마칠 때마다 기념과 축하를 통해 학생들에게 충분한 보상을 해주려고 한다.

5) 미니 프로젝트 활용하기

미니프로젝트를 통해 학생들이 프로젝트와 친숙하도록 할 수 있다. 모둠원끼리 의견을 나누는 연습을 시키기 위해 선생님에 대한 퀴즈를 내고 맞추게 하기도 하고 자기 이름 알리기 활동에서 자신의 이름을 타이포그래피로 표현하게 한 후 스피드 데이트로 서로 소개하게 하기도 한다. 작품의 완성도를 떠나 자신의 이야기를 자연스럽게 할 수 있는 분위기를 만들기 위해 프로젝트 수업이 아닌 일상 수업 속에서도 짝활동이나 모둠활동을 활성화한다. 미니프로젝트를 하면서 학기 내내 사용할 비평이나 개선 절차를 학생들에게 소개할 수 있다. 학생들은 비판을 주고받는 법, 그리고 피드백을 이용하여 자신의 작품을 개선하는 방법을 학기 초부터 배우게 된다.

프로젝트 수업의 시작은
관계 형성에서부터
: 대화의 안전지대 만들기(아이스브레이킹, 팀빌딩 활동 사례)

수업 문화 조성에 공동체 의식 기르기가 빠질 수 없다. 대화의 안전지 대를 만들기 위한 관계 형성이 필요하다. 이를 위해 다양한 활동을 할 수 있다. 긴 줄넘기 도전이나 마시멜로 도전과 같은 모둠의 결속력을 높여 주는 활동을 활용하기도 한다. 교과 내용과 별개로 이런 활동을 실시하 는데, 협동 능력 기르기가 주된 목적이다. 모둠 이름이나 로고 만들기도 모둠 단합 활동으로 손색이 없다. 필자가 활용하여 효과가 있었던 아이 스브레이킹 및 팀빌딩 활동 몇 가지를 소개한다.

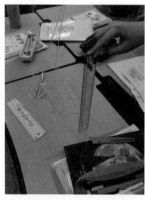 

마시멜로우 챌린지 하는 모습   친구찾기 빙고 게임 하는 모습

◆ 아이스브레이킹 활동 1

■ 짝 얼굴 그려주기(I see you game) 진행 방법

1. 두 사람씩 짝을 이룬다.
2. 종이와 볼펜을 준비한다.
3. 짝끼리 서로 눈을 쳐다보고 상대방의 얼굴을 그린다.
4. 고개를 숙여서 종이를 보거나 다른 곳을 응시하면 반칙! 오로지 눈만 응시한 채 그린다.
5. 30초에서 1분 정도의 시간 동안 그림을 그린 후 서로 바꿔본다.
6. 그림을 완성한 후 서로에 대해 인터뷰를 하는 등 후속 활동과 연결할 수 있다.

■ 짝 얼굴 그려주기(I see you game) 응용 Version

1. 그림을 그린 후 간단하게 짝 인터뷰를 한다.
   ▶ 오늘 아침 식사 메뉴는?
   ▶ 요즘 즐겨 듣는 노래는?
   ▶ 들으면 행복해지는 말은?
   ▶ 올해 목표는? 등
2. 모둠에서 가장 재미있는 그림 하나를 고른 후 다른 조에서 누구인지 알아맞히는 게임을 할 수도 있다.
3. 네 명이 한 모둠을 만든 후 새 모둠원들에게 자신이 그린 그림과 짝을 인터뷰한 내용을 바탕으로 짝을 소개한다.

* 학기 초 서먹한 분위기를 깰 수 있는 활동이다.
* 그림을 잘 그릴 수가 없는 구조이기 때문에 함께 웃으며 누구나 즐겁게 참여 가능하다.
* '꼭 완벽하게 하지 않아도 된다. 틀려도 괜찮다'라는 메시지를 전달할 수 있다.

◆ 아이스브레이킹 활동2

■ 네임텐트 만들어 자기소개하기 진행 방법

1. A4 용지를 3등분이나 4등분으로 접은 후 명패를 만든다.
2. 3등분이나 4등분한 종이 중앙에 '자기소개' 내용을 적어 넣는다.
3. 모둠 안에서 돌아가면서 '자기소개하기 활동'을 한다.

- 네임텐트에 들어갈 요소는 상황에 맞게 변형하여 사용 가능하다.
  예) 좋아하는 숫자, 동물, 별명, 자신의 이름으로 삼행시 짓기, 요즘 관심사,
      들으면 기분 좋은 말 등
- 학기 초 수업이나 학급 첫 시간 자기소개하기 활동으로 활용 가능하다.
- 3월 한 달 동안 자신의 책상 위에 네임텐트를 세워두게 하면 학생들끼리
  또는 교사가 학생들의 이름을 외우고 특성을 파악하는데 도움이 된다.

 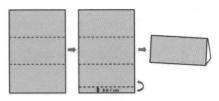

◆ 팀빌딩 활동 1

■ Ground Rule 만들기 진행 방법

- 회의나 분임토의, 프로젝트팀 미팅, 각종 위원회 등의 진행에서 모든 구성
  원이 반드시 지켜야 할 기본 규칙
- 규칙들은 구체적이어서 팀원들이 규칙 준수 여부에 대해 서로 오해하지
  않도록 해야 함
  예) 적극적 참여(X), 졸리면 일어나서 강의 듣기(O)

나쁜 예	좋은 예
· 칭찬하기 · 웃고 즐겁게 하기 · 시간 잘 지키기 · 열심히 하기	· 수업 시작 1분 전에 착석하기 · 상대방의 의견을 끝까지 들어주기 · 팀 활동이 끝난 후 자기 자리의 쓰레기는 깨끗이 치우기

◆ 팀빌딩 활동 2

■ 모둠원 얼굴 릴레이로 그려주기 진행 방법

[활동 과정1]

1. 자신의 이름을 적은 후 A4용지를 모둠 안에서 오른쪽으로 건넨다.

2. 전달받은 A4용지에 적혀 있는 친구의 얼굴을 보고, 30초 동안 그린다.

3. 짧은 시간에 그려야 하므로 친구의 얼굴 중에서 특징을 잘 보고 그린다.

4. 혼자서 친구의 얼굴을 모두 그리는 것이 아니라, 모둠원들이 이어서 그린다.

5. 활동지가 활동지의 주인에게 올 때까지 (마지막 친구가) 친구의 얼굴을 완성한다.

6. 완성된 얼굴이 자신에게 돌아왔을 때, 친구들이 그려준 자신의 얼굴을 천천히 살펴본다.

[활동 과정2]

· [과정1]에 이어서 한다.

1. 완성된 얼굴 활동지를 얼굴 그리기를 할 때처럼, 옆에 친구에게 건넨다.

· "친구의 이름, 얼굴, 그림" 이 세 가지를 보면서 드는 생각과 느낌을 적는다.

· 생각과 느낌을 적을 때는 긍정적인 느낌, 이미지를 찾도록 설명한다.

· 한 장씩 차례대로 활동지를 건네받고, 생각과 느낌을 적는다.

· 이렇게 해서, 자신의 활동지가 돌아올 때까지 한다.

· 자신의 활동지가 돌아왔을 때, 친구들이 적어 준 생각과 느낌을 읽어보고, 친구들이 그려준 자신의 얼굴 그림, 그리고 생각과 느낌에 대한 자신의 생

각을 적도록 한다. 또는 몇 명의 학생들에게 발표를 하게 하는 것도 좋다.

◆ **팀빌딩 활동 3**

■ 종이탑 쌓기 진행 방법

1. 모둠별로 20-30장 정도의 이면 지로 주어진 시간(7~10분) 안에 종 이탑을 쌓는다.
2. 종이탑을 제일 높이 쌓는 모둠이 이기는 게임이다.
* 모둠원끼리의 협력 정도, 탑을 쌓 을 때 창의적인 아이디어를 발휘 하는 것이 중요하다고 강조한다.
* 큰 재료 준비 없이도 아이들의 협 력을 이끌어낼 수 있는 방법이다.
* 제공하는 종이의 양, 테이프나 풀 등의 사용은 상황에 맞게 적절하 게 적용 가능하다.

◆ 팀빌딩 활동 4

■ 마시멜로 챌린지(Mashmellow Challenge) 진행 방법

1. Tom Wujec: Build a tower, build a team 테드 영상시청(8분 정도)
   - ▶ 영상을 보며 마시멜로 챌린지가 무엇인지, 챌린지 성공을 위해 중요한 요소는 무엇인지 생각해 보고 나누기
2. 재료 나눠주기
   - ▶ 각 모둠에 스파게티면 10가닥, 실 60cm, 테이프 30~40cm, 마시멜로 제공.

3. 15~18분간 주어진 재료로 구조물 완성하기에 도전 후 가장 높이 구조물을 쌓는 팀이 우승하는 게임
4. 주어진 시간이 지난 후 구조물 완성한 정도 확인
5. 활동 후 성공 요인 등에 대해 이야기 나누고 성찰 나누기

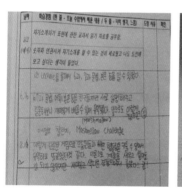

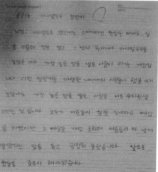

■ 마시멜로 챌린지 활동 후 학생 소감문

이렇게 단순한 게임으로 모둠원들과 빠른 협동심을 키울 수 있어서 유익하고 뜻깊었던 것 같다. 이론으로 계획을 세우고 쌓아도 잘되지 않았지만, 재미있고 색다른 경험이어서 좋았다.

마시멜로우 챌린지는 스파게티면, 한정된 테이프, 실을 이용해 탑을 쌓고 그 탑의 꼭대기에 마시멜로우를 꽂았을 때 가장 높은 탑을 쌓은 사람이 이기는 게임이다. 다양한 나이대의 사람들이 이런 챌린지를 했을 때, 놀랍게도 가장 높은 탑을 쌓은 사람은 바로 유치원생이라는 것이다. 모두가 어른들이 잘할 것이라고 예상했지만, 그 예상을 깨고 오히려 어른들이 더 낮게 쌓았다는 말을 듣고 굉장히 놀랐다. 앞으로 협동을 중요시해야겠다.

4
모둠 구성은
어떻게?

　모둠 구성 방식에 정답은 없다. 학습 수준 상위 한 명, 중위 두 명, 하위 한 명으로 구성하기도 하는데 학습 수준이 높은 학생이라고 해서 반드시 모둠 활동을 잘하는 것은 아니다. 가능하면 남 2 : 여 2 비율로 구성할 것을 추천한다. 관심사나 역량을 기반으로 구성할 수도 있다. 학생 스스로 선택하거나 교사가 판단하여 임의로 구성할 수도 있다.

　경기대학교 장경원 교수는 팀 활동에 기여한 구성원들의 특성을 분석하는 연구를 진행했다. 연구에 따르면 가장 큰 영향을 미치는 것은 '성실성'으로 밝혀졌다. 성격, 리더십, 학업 성적, 친밀도, 성별 순으로 그 뒤를 이었다. 성실성은 주어진 역할을 충실히 수행하는 것, 과제해결을 위한 모둠 활동에 적극적으로 참여하는 것이다. 성격은 다른 사람을 잘 배려하는 것과 자신의 의견을 적극적으로 제시하는 것이다. 리더십은 모둠의 분위기를 즐겁게 만드는 것, 모둠토의를 잘 진행하는 것이다. 그룹 활동에 기여한 구성원들의 특성을 고려하여 모둠을 구성하는 것도 한 방법이다.

　『PBL로 수업하기』(장경원 외, 학지사, 2015)에서 사용하는 설문 문항은 다음과 같다. 1, 2는 성실도 3, 4는 성격 5, 6은 리더십을 묻는 질문이다.

팀 편성 조사표 질문

1. 나는 주어진 역할을 충실히 수행한다.

2. 나는 과제를 위한 모임에 적극적으로 참여한다.

3. 나는 다른 사람을 잘 배려해준다.

4. 나는 내 의견을 적극적으로 표현한다.

5. 나는 소집단의 분위기를 즐겁게 할 수 있다.

6. 나는 소집단 활동 시, 회의를 잘 진행할 수 있다.

모둠 구성도 원활한 모둠 활동에 영향을 미칠 수 있으므로 신중하게 고려하도록 한다. 다양한 방법을 시도해본 결과 어떻게 구성을 하더라도 학생들 사이에 갈등이 발생할 수도 있지만 그 갈등을 어떻게 해결해 나가는가도 하나의 역량이 될 수 있으므로 학생들이 스스로 해결해 나갈 기회를 주도록 하자. 물론 필요할 때는 교사가 적절하게 개입하여 조율해야 한다. 필자가 이제까지 시도해본 모둠 구성 방법을 소개해 보겠다.

가. 성적을 기준으로 구성

a−b−b−c 4인 한 모둠으로 구성했을 때 성적이 상(上)인 학생 한 명, 중(中) 두 명, 하(下) 한 명으로 구성

나. 영어에 대한 흥미도에 따라 구성

영어에 흥미 있는 학생과 아닌 학생을 골고루 배분하여 구성해 보았다. 1번 영어가 쉽고 재미있는 사람, 2번 영어가 쉽지만 재미없는 사람, 3번 영어가 어렵지만 재미있는 사람, 4번 영어가 어렵고 재미없는 사람

올해 영어를 잘하고 싶은 사람 또는 영어가 쉽거나 재밌는 사람 앞에 나오기, 영어가 정말 어렵거나 재미없는 사람 뒤로 나가게 한 뒤, 뒤의 친구들에게 자신을 도와줄 수 있을 것 같은 앞쪽 친구를 서로 중복되지 않게 의논해서 정하라고 한다. 뒤에서 의논되는 동안 앞 친구들에겐 앉아 있는 친구들 중 올해 더 재미있고 즐겁게 공부할 수 있을 든든한 동료를 역시 중복되지 않게 의논해 고르라고 한다. 그렇게 3인조가 꾸려지면 남은 아이들에게도 선택권을 주거나 복불복 뽑기, 사다리 타기 등을 한다.

다. 모둠장 먼저 선택 후 모둠원 선택

교사가 모둠장을 지정하거나 모둠장을 희망하는 학생을 먼저 정하고 모둠장이 모둠원을 한 명 선택하게 한 후 나머지 두 명은 제비뽑기를 하거나 나머지 모둠원들이 모둠을 선택하도록 구성한다.

라. 이미지 카드 등을 뽑아 랜덤으로 구성

같은 이미지를 뽑은 사람끼리 또는 각기 다른 4개의 이미지를 뽑은 사람끼리 한 모둠이 되게 구성한다.

마. 해당 프로젝트에 필요한 역량이 골고루 갖춰지도록 구성

예술적 재능이 있는 학생, 해당 교과 지식을 잘 알고 있는 학생, 리더십이 있는 학생 등으로 구성한다.

DMHS(대구 캠프워커 내 외국인 학교)를 방문했을 때 알게 된 방법이다. DMHS는 GSPBL을 실천하고 있는 학교다. DMHS에서 근무하고 있는 선생님들은 모두 벅 교육협회에서 주관하는 교사 대상 트레이닝 과정을 마스터한 분들이라고 한다. 방문했던 날 열린 DMHS Showcase는 학생들이 일 년간 총 4쿼터로 나누어 진행한 프로젝트를 발표하는 자리였다. Showcase를 둘러보며 작성하는 일종의 성찰지를 받았다. 방문객뿐만 아니라 학생들도 모두 이 성찰지를 작성해야 한다고 한다. 성찰지 뒷면에 발표자들에게 던질만한 질문리스트들도 적혀 있는 것이 인상적이었다. 발표회를 참관하면서 발표하는 학생들에게 몇 가지 질문을 해보기도 했다. 화학 시간 '유기농 비누 만들기' 프로젝트 발표를 참관했는데 3인 한 모둠으로 모둠 결과물을 만들었다고 한다. 모둠 구성은 교사의 개입이 어느 정도 있었다고 했다. 학생 개인에게 체크리스트에 자신의 성향을 먼저 체크하게 한 후, 한 모둠에 리더의 자질이 있는 학생, 예술적 재능이 있는 학생(결과물을 꾸며야 하므로), 지식을 담당하는 학생 등으로 구성했다고 한다.

바. 각 반 좌석 배치에 따라 앉은 상태에서 랜덤으로 구성

가장 최근에 필자가 주로 활용하는 방법이다. 어떻게 모둠을 구성해도 결과는 비슷하다고 생각하기 때문에 각 반 좌석 배치대로 랜덤으로 모둠을 구성하는 편이다.

사. 학생들 희망대로 또는 관심사별로 구성

동아리 활동 시 자주 사용하는 방법이다. 개인별 관심사를 포스트잇에 적어내게 한 후 비슷한 관심사끼리 같은 모둠으로 묶는다.

또 한 가지 고려할 점은 모둠 구성의 시기이다. 어떤 프로젝트에서는 프로젝트 개시 직후부터 공동 작업이 시작된다. 그런 경우 교사는 협업 기술을 프로젝트 전 기간 동안 의도적으로 가르치고 강화하며 평가할 시간을 확보할 수 있다. 또는 학생들이 각자 사전 조사를 하여 어느 정도 내용을 이해한 다음 학생 스스로 좀 더 심층적으로 공부하고 싶은 주제를 정하게 하는 방식을 택할 수도 있다. 이 경우 주제를 중심으로 모둠이 자연스럽게 형성되고 학생들에게 더 많은 재량권이 주어진다. 두 방법 모두 장점이 있기 때문에 프로젝트의 필요에 따라, 모둠 구성 방법을 달리하면 된다.

모둠 구성 방식에 따른 장점과 단점

모둠 구성 방법	장점	단점
교사가 결정	- 시간이 절약된다. - 갈등과 감정 소모가 줄어든다. - 학생의 성장과 최대한의 효과를 위해 교사의 개입과 조정이 가능하다. - 실제적이다. 현실에서는 모둠을 스스로 고를 수 없는 경우가 대부분이기 때문이다.	- 자신의 모둠에 불만을 가지는 학생이 생길 수 있다. - 학생의 주인의식이나 동의를 기대하기 어렵다. - 현명한 모둠 구성 방법을 배우기 어렵다.
교사가 결정하되 학생의 의견 반영	- 갈등과 감정 소모를 최소화할 수 있다. - 학생의 성장과 최대한의 효과를 위해 교사의 개입과 조정이 어느 정도 가능하다. - 학생이 어느 정도 주인의식을 가지며 어느 정도 수긍한다. - 학생은 현명하게 모둠을 구성하는 법을 배울 기회를 얻는다.	- 교사 입장에서 시간이 더 걸린다. - 모든 학생의 기호를 반영하기 어렵다. - 자신의 모둠에 불만을 가지는 학생이 여전히 생길 수 있다.
학생이 결정하고 그 과정을 교사가 관리	- 갈등을 거의 없앨 수 있다. - 학생은 주인의식을 가지며, 학생의 전적인 동의가 있다. - 학생은 현명하게 모둠을 구성하는 법을 배운다.	- 학생이 모둠 선택 방법을 배워야 하는 경우 시간이 더 많이 걸릴 수 있다. - 패거리나 따돌림 문제를 방지하려면 수업 문화가 바로 서 있어야 한다. - 마음을 다치는 학생이 있을 수 있다. - 아주 어린 학생에게는 맞지 않다. - 원활한 모둠의 운영을 위해 어떤 능력들이 필요한지 학생들이 잘 모를 수 있다.

출처: 『프로젝트 수업 어떻게 할 것인가? 2』, 147쪽

제4장

프로젝트 수업
설계하기

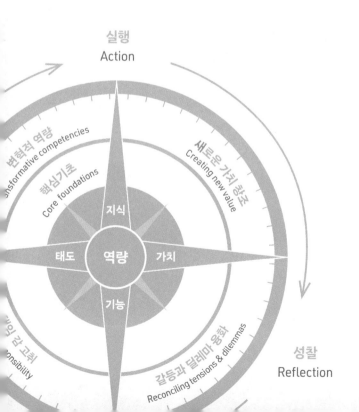

1

프로젝트 유형과
설계 3단계

가. 프로젝트의 다섯 가지 유형

프로젝트 유형		예시
실생활 문제 해결	실제 상황형	교내 쓰레기 처리 방식 개선, 문제행동 및 학교폭력 문제 해결, 저소득층 주거 지역 개선, 야생동물 보호 방안
	가상 시나리오형	수사관이 되어 바다에 추락한 실종 비행기의 위치 찾기, 대통령 참모가 되어 국제 인도주의 문제 대응 방안을 조언, 공무원이 되어 수영장의 대장균 수치를 낮추는 방안 마련
디자인 챌린지		스케이트장 설계, 교정에 새집 짓기, 우리 지역 역사 소개 팟캐스트 방송 제작, 우리 지역 자연환경 소개를 위한 동/식물 도감 제작, 실제 또는 가상의 회사 경영, 집 리모델링을 위한 청사진 제작, 교환학생 지원을 위한 영상물 제작
추상적 문제 탐구		두 문화가 만났을 때 어떤 일이 벌어지는가? 고문은 정당화될 수 있는가? 우리는 언제 성장하는가? 로봇은 적인가 친구인가? 예술은 사회를 어떻게 반영하는가? 노동을 한다는 것은 무엇을 뜻하는가?

조사연구	영국은 미국 식민지의 봉기를 피할 수 있었을까? 나의 가족 OOO은 어떤 시대와 장소에서 자랐는가? 세계 기후변화는 우리 지역 동/식물에 어떤 영향을 미칠까? 내집 마련을 방해하는 경제적, 사회적 장벽은 무엇인가? 과학기술은 미국 남북전쟁을 어떻게 바꾸어놓았나?
쟁점에 대한 입장 표명	인간에게 동물을 포획하여 가둘 권리가 있는가? 원자폭탄을 투하한 트루먼 대통령은 전범인가? 경찰은 차량을 수색할 권리가 있는가?

※ 『프로젝트 수업 어떻게 할 것인가?』 165~171쪽 재구성

나. 프로젝트 설계 3단계 및 실제 적용 사례

프로젝트를 설계할 때, 자신이 처한 여건을 제일 먼저 고려해야 한다. 프로젝트의 대상은 누구인가, 목적은 무엇인가, 몇 차시로 구성할 것인가, 누구와 이 프로젝트를 할 것인가, 프로젝트의 한계와 제약은 무엇인가 등 큰 그림을 그린 후에야 비로소 프로젝트의 구체적인 설계를 시작할 수 있다. 프로젝트 설계 3단계와 실제 적용해본 사례는 다음과 같다.

단계	고려할 내용	실제 적용 사례 (대구 소개 리플릿 만들기)
1단계: 상황 분석	☑누가 프로젝트에 참여하는가? ☑언제 이 프로젝트를 실시할까? ☑단순PBL로 할까, 복합PBL로 할까? ☑프로젝트 진행 기간을 어느 정도로 할까? ☑단일교과 프로젝트로 할까, 교과융합 프로젝트로 할까?	·중학교 1학년 대상, 지도교사 및 교생 선생님 참관 ·교과 융합 어려움 - 영어과 단독으로 진행 ·5월 마지막 주 교생 실습 마지막 주에 실시

2단계: 아이디어 구상	☑기존 프로젝트 활용하기 ☑나만의 아이디어 만들기: 학교나 지역 현안, 시사, 실생활 문제, 교과 성취 기준, 학생의 삶 및 관심사 등에 따른 새로운 프로젝트 구상	· 여행 관련 단원 · 대구 소개하기라는 주제 · 일본 국제교류 학생 본교 방문 · ESD를 수업에 적용하라는 것이 학교 교육과정상에 주어진 하나의 조건 · 성취 기준: 학교생활이나 지역 사회 활동을 소재로 하여 짧은 글을 쓸 수 있다.
3단계: 기본 틀 잡기	1. 학습 목표 수립: 핵심 지식과 이해, 핵심 성공역량(비판적 사고력/문제해결력, 협업능력, 자기관리능력) ☑어떤 성취 기준이 가장 중요한가? ☑어떤 성취 기준이 가장 적절한가? 2. 학습 결과물 선정: 프레젠테이션, 서술형 결과물, 구조물, 계획서 등 다양한 형태가 가능 ☑프로젝트 결과물이 실제적인가? ☑실현 가능한 결과물인가? ☑개별 학생이 수행할 부분과 모둠 활동으로 진행할 부분은 각각 무엇인가? ☑모든 모둠이 동일한 결과물을 만들도록 할 것인가, 서로 다른 결과물을 만들도록 할 것인가? ☑학습 결과물이 그 자체로 프로젝트의 학습 목표를 충족하는가, 아니면 다른 프로젝트와 연계할 필요성이 있는가? 3. 결과물 전시 방법 결정: 실생활에 실제 사용하는 결과물, 청중과 직접 만나는 프레젠테이션, 행사, 작품 전시, 출판, 포스팅, 메일 보내기 등 4. 탐구질문 작성: 학생 참여, 열린 정답, 학습 목표와 일치 여부 고려 5. 성찰 및 수정: 학생, 동료 교사 및 관리자 관점에서 성찰하며, 동료와 학생의 피드백을 받아 수정	1. 학습 목표: 대구의 지속 가능한 발전 모습을 고려하여, 영어로 대구를 소개하는 리플릿을 만들 수 있다. 2. 결과물: 대구 소개 리플릿 3. 결과물 전시 방법: 리플릿으로 제작, 일본 학생들에게 직접 전달 4. 탐구질문: 우리 학교를 방문하는 일본 국제교류 학생들에게 어떤 정보를 제공하면 도움이 될까? 5. 성찰 및 수정: 동학년 교사와 협의하여 활동지 수정, 한 반 수업 후 학생들 수준과 반응에 따라 활동지 및 진행 과정 수정

출처: 『프로젝트 수업 어떻게 할 것인가?』

2
프로젝트 아이디어
어떻게 얻을까?

배움을 우리 학생들과 관련되게 만들 방법을 항상 고민한다. 공부가 자신과 관련 있다고 생각하면 아이들은 주인의식을 갖게 되기 때문이다. 학생의 삶 그리고 교실 밖 세상과 프로젝트를 연결시킬 때 공부의 목적에 대한 이해가 더 높아진다는 것을 경험을 통해 알게 되었다. 물론 교과 성취 기준도 늘 염두에 둔다. PBL을 처음 접하는 교사들은 프로젝트 설계를 내용 성취 기준부터 시작해야 할지, 아니면 학생들이 흥미로워 할 만한 획기적인 아이디어로 시작하는 게 나은지와 같은 질문을 자주한다. 여기에 정해진 답은 없다. 둘 다 중요하기 때문이다. 일단 괜찮은 프로젝트 아이디어를 어디에서 얻을지부터 생각해보자. 거기서 출발하여 아이디어 착안에서 프로젝트 핵심 설계 요소를 고려하여 실행에 이르는 설계 과정을 짚어가도록 하자. 프로젝트 계획은 피드백, 성찰, 개선을 통해 향상되는데, 이는 학생이 프로젝트를 진행하면서 수준 높은 결과물을 만들어내도록 도와주는 과정과 똑같다고 보면 된다. 프로젝트 수업이 학생의 의사와 선택권을 허용하는 것처럼 프로젝트 계획 수립은 교사의 선택과 창의성을 촉발한다. 다음과 같이 다양한 방식으로 프로젝트 아이디어를 얻을 수 있다. 『프로젝트 수업 어떻게 할 것인가?2』 내용을 참고하여 재구성해 보았다.

1) 기존 아이디어의 차용이나 각색: 다른 교사의 경험이나 프로그램에서 아이디어를 빌려와 이를 자신의 수업 환경에 맞게 각색할 수 있다. 필자의 경우 BIE 사이트나 '21세기 교육 패러다임_세계의 PBL 영상'에서 아이디어를 얻기도 했다. 여러분에게 이 책에 실린 필자의 수업 사례들이 프로젝트 수업 아이디어 자원으로 쓰이기를 바란다.

2) 기존 단원을 프로젝트로 재구성: 이전에 가르쳤던 단원을 새로운 눈으로 살펴보고 이를 프로젝트 수업으로 바꿀 수 있을지 고민해 보는 방식이다. 이 방법의 장점은 교과 내용을 이미 잘 알고 있다는 점이다. 또한 학생들이 그 주제에 얼마나 흥미가 있는지도 잘 알고 있다. 필자의 경우 교과서 단원 주제에 맞게 '나 소개하기' 프로젝트, '우리 지역 소개하기' 프로젝트를 다양한 버전으로 시도해 보았다.

3) 학생의 질문과 관심사: 학생들의 질문은 프로젝트 아이디어를 위한 마르지 않는 샘물과도 같다. 중요한 것은 아이들의 관심을 끌거나 이들을 자극하고 움직이게 하는 것이 무엇인지 의도적으로 들어보고 학습 목표와의 연관성을 찾는 일이다. '어떻게 하면 학생들이 중요하게 생각하는 것들을 학문적으로 탐구하게 할 것인가?' 아이들 관심사가 무엇인지 설문 조사를 하여 생각을 유도하거나 학생들끼리 인터뷰를 해도 된다. 아이들의 재미있는 질문을 담아둘 수 있도록 화이트보드나 교실 벽에 공간을 만드는 교사들도 있는데, 이런 것들이 나중에 실제 프로젝트로 이어지기도 한다.

4) 뉴스 헤드라인에서 아이디어 얻기: '우리 지역이나 나라 안팎에서 벌어지는 사건 중 학생들을 움직이게 만드는 일은 무엇인가? 이러한 사건은 내가 가르치는 교과와 연관성이 있는가?'를 생각해보자. 오스카상을 본떠 자신들만의 후보 명단 작성에 도전해 보게 하였는데, 학생들이 후보를 내기 위해 글을 읽고 동영상을 보며 비판적으로 사고하였다는 수업 사례도 있다.

5) 대중문화 연계하기: 학생들은 요즘 무슨 책을 즐겨 읽는가? 학생들이 좋아하는 최신 유행 영화나 가수는 누구인가? 프로젝트와 학생의 문화적 관심사를 연계시키는 것은 학생들의 효과적인 참여를 이끌어 내는데 확실히 검증된 방법이다. 필자의 경우 BTS 유엔 연설문을 활용하여 프로젝트를 구상한 적이 있다.

6) 실제 요구(문제) 해결하기: 제휴 기관이나 협력 단체가 파악한 실제 요구를 해결할 수도 있다. 이들 의뢰인은 비영리단체나 지방자치단체, 사업체, 심지어는 다른 학년의 교사나 학생이 되기도 한다. 필자의 경우 '우리 학교 공간디자인 하기', '어!벤처스: 우리는 체인지 메이커, 우리 학교의 문제를 해결해 보자'는 프로젝트를 진행한 적이 있다.

7) 교사 자신의 관심사에서 시작하기: 학생의 관심사가 프로젝트 아이디어의 보고인 것은 사실이나 교사 자신의 취미 또한 간과해서는 안 된다. 교사가 좋아하는 것에서 출발해서 아이들의 관심사와 접점을 찾을 수 있다. 교사가 관심 있는 주제라면 더욱 열정적으로 참여할 수 있을 것이다.

8) 학생들과 공동 설계하기: 학생들이 다루고 싶어 하는 문제나 쟁점에서 출발하여 교과 학습 목표와 결합한 프로젝트를 학생들과 공

동으로 설계할 수도 있다. 학생 자치회 등 학교 행사 관련한 프로젝트의 경우 이렇게 공동으로 설계하는 것이 효과가 있을 것이다.

9) <u>기존 프로젝트에 참여하기</u>: 첫 프로젝트를 혼자 도전해 보는 대신 기존에 있던 프로젝트를 활용하는 것도 여러 가지 장점이 있다. 이미 만들어진 계획으로 시작하여 자신의 상황에 맞게 섬세한 조정이 가능하다. 프로젝트를 실행할 때 필요한 지혜를 나눠줄 동료들을 만날 수도 있다. 필자는 폴김 스탠포드 대학원 부학장이 수년간 진행하고 있는 '1001 스토리 프로젝트'에 참여한 적이 있다. 기존에 참여하고 있던 선생님들에게 프로젝트 진행 전반에 대해 큰 도움을 얻을 수 있었고 함께 하는 분들이 있었기에 지치지 않고 끝까지 프로젝트를 마무리할 수 있었다.

10) <u>영화나 책에서 아이디어 얻기</u>: 필자가 자주 아이디어를 얻는 창구는 책이다. 『단단한 영어공부』를 읽으면서 '나의 영어학습 자서전 쓰기' 프로젝트를 구상했고, Marvin Redpost 시리즈를 읽으며 '우리 교실에 대통령이 방문한다면'이라는 질문에서 출발한 쓰기, 말하기 프로젝트를 진행하기도 했다.

3

프로젝트
기본 틀 잡기

가. 프로젝트 필수 설계 요소에 집중하기

프로젝트 수업 계획 수립의 핵심은 학습 목표에 있다. '학생들이 프로젝트를 마칠 때까지 알아야 하는 것과 할 수 있어야 하는 것은 무엇인가?' 이 질문에 답을 하는 과정에서 학생이 습득했으면 하는 핵심 지식과 이해를 파악하게 될 것이다. 프로젝트 수업은 학생들로 하여금 깊이 사고하고 불확실성과 씨름하게 만들기 때문에 그에 걸맞은 제대로 된 목표를 설정해야 한다. 간단한 수업 한 번으로 가르칠 수 있는 내용이거나 학생 스스로 인터넷 검색을 통해 답을 구해도 되는 내용이라면 굳이 프로젝트로 진행할 필요가 없다.

내용 목표 달성과 함께 학생들이 프로젝트 수업을 통해 계발 또는 심화시킬 역량에 대해서도 생각해 보자. 비판적으로 사고하고 문제를 해결할 수 있으며 다른 사람들과 함께 일할 수 있고 자신의 학습을 스스로 관리할 수 있는 학생들은 대학과 직장에서, 그리고 시민으로서 겪게 될 미래의 어려움에 잘 대비하고 있다고 할 수 있다. 프로젝트 수업은 이러한 역량을 연마할 기회를 제공하며, 이는 프로젝트가 끝난 후에도 학생들이 오랫동안 계속해서 사용할 능력들이다. 학생들이 교사가 설정한 유의미한 학습 목표에 도달하도록 도와주기 위해서는 프로젝트를 계획하면서 프로젝트 필수 설계 요소에 집중해야 한다. 프로젝트 필수 설계 요소는 2장에서 상세히 설명한 바 있다. 프로젝트 기본 틀 잡기에서 교사가 염두에 두어야 할 것 몇 가지만 언급하도록 하겠다.

* 프로젝트 일정표 작성하기 : 프로젝트 수업의 특성을 보여주는 몇 가지 특징
  ▶ 첫 시간은 도입활동으로 시작
  ▶ 프로젝트 초반에 모둠 단합 시간과 과업을 체계적으로 정리하는 시간 확보
  ▶ 강의 및 활동과 함께 제공되는 개인 학습 시간 확보
  ▶ 비평 및 개선 활동 시간 확보
  ▶ 자신의 작품을 공개하기 전 발표를 연습할 충분한 시간 확보
  ▶ 프로젝트 마지막에 성찰과 축하를 위한 시간 등을 잘 배분하기

* 필요한 자원 준비하기
  여기에는 읽기 자료와 같은 전통적인 도구뿐만 아니라 정보화 기기나 소프트웨어, 외부 전문가도 포함된다.

* 전문가와 상의하거나 외부 인사 섭외
  ▶ 내용 전문가: 초청 연사로 모셔(온라인 연결도 가능) 정보를 제공하거나 프로젝트에 필요한 특정 기술을 학생들에게 가르치게 할 수 있다.
  ▶ 멘토 초청: 연사나 전문가와 비슷하지만 멘토는 좀 더 오랜 기간 학생들과 더 가까이에서 함께하는 사람들이다. 여러 명이 참여하여 개

별 학생 또는 학생 모둠을 지도할 수 있다.

▶ 청중/패널: 프로젝트의 발표회 때 또는 학생들이 산출물을 만들고 핵심질문에 대한 답을 하는 과정에서 실시되는 형성평가 때 초대되어 학생들이 자신의 작품을 공개하는 것을 보고 듣는 사람들이다. 전문가들은 청중 역할을 하는 동시에 학생의 이해와 학습 과정을 점검하는 질문을 하고 학생의 학습을 평가하는 역할을 하기도 한다.

▶ 의뢰인 또는 제품 사용자: 외부인 또는 그들이 소속된 단체가 도입 활동에서 학생들에게 어떤 일이나 문제해결을 요청하는 방식으로 전체 프로젝트의 중심이 될 수 있다.

나. 성취 기준에 맞추기

성취 기준을 고려해야 하는 이유는 다음과 같다. 교사가 프로젝트 수업을 성취 기준에 일치시키면 프로젝트 수업이라는 학습 경험에 시간을 투자할 가치가 있다는 것을 확인 시켜주는 셈이다. 특히 프로젝트가 상위 성취 기준에 부합하면 출발 단계에서 학문적 철저함이 구축된다. 즉 프로젝트는 한두 번의 수업으로 해결되는 낮은 수준의 학습을 목표로 하는 것이 아니라, 큰 개념의 이해를 목적으로 하고 복잡할 수밖에 없으며 고등사고능력을 요구하는 성취 기준과 일치해야 한다. 상위 성취 기준에 집중함으로써 교사는 학생들이 금방 잊어버리게 될 낱낱의 사실들을 정신없이 바쁘게 가르치는 대신 깊이 있고 개념적인 이해를 구축할 수 있다. 상위 성취 기준은 보통 관련 학습 목표를 여러 개 가지고 있다. 가령 좋은 에세이를 작성하는 법을 익히기 위해서는 어휘와 철자, 문법을 잘 사용해야 한다. 에세이 작성이 중요한 프로젝트라면 당연히 그와 관련된 기능을 가르칠 것이다.

탐구질문, 프로젝트 채점기준표, 도입활동, 비계, 공개할 결과물, 평가 계획 등 모든 요소가 목표 성취 기준에 맞춰 조정된다. '해당 기능과 개념을 1년 동안 어떻게 가르칠까?'라는 질문을 스스로에게 던진다. 그런 다음 성취 기준에서 가르쳐야 할 내용과 기능을 추출해내면서 백워드 방식으로 전체 학년 계획을 수립한다. 큰 목표들은 다루기 쉬운 단위로 쪼갠 뒤 매시간 분명한 학습 목표를 학급에 공지한다. 학습 목표의 전후 관계를 잘 알려주면 아이들은 자신이 이것을 왜 배우고 있는지 그 목적을 더 분명히 알게 된다. 어떤 성취 기준을 프로젝트로 다룰 것인가는 학교가 처한 상황이나 교사 개인의 생각, 학생, 학년이나 과목 등 여러 요인에 따라 결정된다.

다. 학습 목표 선정하기

자신이 무엇을 해야 하는지 이해하고 이를 설명할 수 있게 되면 스스로를 평가하고(목표 대비 나의 위치는 어디인가?), 계발하며(나는 이제 무엇을 해야 하는가?), 필요한 지원을 요청(나를 도와줄 수 있는 사람은?)하는 능력이 생기게 되며, 이를 통해 학습자는 자신의 학습을 증진시키고 자신감을 기르게 된다. 제대로 설계된 프로젝트 수업의 두드러진 속성 중 하나는 바로 프로젝트의 시작과 함께 분명한 학습 목표와 성공 기준이 제시된다는 점이다. 일찍부터 명확한 학습 목표를 전달받게 되면 학생들은 앞으로 몇 주에 걸쳐 학습이 어떤 식으로 진행되는지 분명히 알게 된다. 프로젝트 도입 시 학생들에게 프로젝트 안내문을 나눠주고 자신이 무엇을 알고 있는지 무엇을 더 알아야 하는지 분석하는 시간을 주는 이유다.

학습 목표는 학생들이 알아야 할 것(내용)과 할 수 있어야 하는 것(기능)을 명시적으로 설명한 간략한 진술이다. 이 진술은 프로젝트 설계에서 가장 기본이 되는 단계로서, 교사와 학생 모두에게 프로젝트가 진행되는 동안 계속해서 참고하는 등대와 같은 역할을 한다. 학생들에게는 진도를 나가는 것도 중요하지만 다양한 개념에 여러 번 노출될 기회 또한 필요하며, 자신이 배운 내용과 기능을 이해하고 서로 연관 지어 이를 확장하거나 전이시키기 위한 시간도 필요하다.

출처:『프로젝트 수업 어떻게 할 것인가?』

탐구질문(Driving Question)은 프로젝트의 핵심 도전과제나 질문을 학생들에게 친숙한 언어로 표현한 것이다. 해당 프로젝트 수행의 목적을 보여준다. 프로젝트의 핵심을 명료하게 보여주도록 작성하되 명확하지 않은 경우 설명을 추가하기도 한다.

예) 건강한 식습관이란 무엇일까?_지역의 영양에 관한 인식을 제고하는 캠페인을 계획하여 실행한다.

탐구질문은 학생들에게 그들이 왜 이 프로젝트를 수행하는지를 상기시켜 준다. 탐구질문의 목적은 학생들의 흥미를 불러일으키고, 프로젝트의 핵심 아이디어, 질문, 지식에 관심을 집중하게 하는 데 있다. 또한 탐구질문은 교사가 프로젝트를 계획하는 데 있어 가이드 역할을 해 준다. 탐구질문은 보통 학습의 초반부에 제시되는데, 그 목적은 학생들이 자신의 사전지식과 프로젝트 과정 중 이루어지는 다양한 활동을 프로젝트의 최종 학습 목표와 연계시켜 생각하도록 유도하는 데 있다. 탐구질문은 학습 목표에 담긴 내용을 배워야 하는 이유, 즉 일종의 명분을 제공한다. 탐구질문에는 학습 목표(전이 단계의)와 문제상황을 명시해야 한다.

『프로젝트 수업 어떻게 할 것인가?』의 내용을 참고하여 탐구질문 만드는 방법을 정리해 보았다.

가. 탐구질문 작성 방법

> "우리가 [어떤 역할]로서,
>
> [목적과 대상]을 위하여
>
> [해야 하는 과업이나 만들어야 할 결과]를 어떻게 할 수 있을까?"

- ▸ 어떤 역할: 현실에서 이것을 하는 사람은 누구일까?
- ▸ 목적과 대상: 설득하거나 정보를 제공하거나 해결책을 제안하거나 만들어질 결과물이나 행동의 목적은 무엇일까? 그리고 청중은 누구일까?
- ▸ 해야 하는 과업이나 만들어야 할 결과: 이러한 역할을 하는 사람들에 의해 만들어진 결과물이나 취해지는 행동은 무엇일까?

나. 효과적인 탐구질문의 필수요건 3

1) 학생 참여, 흥미를 끌어낼 수 있는 질문
2) 다양한 답이 있는 열린 질문
3) 학습 목표에 부합하는 질문: 이 질문에 대답하기 위하여 학생들이 내가 목적한 중요한 내용과 기술을 배울 필요가 있는가?

다. 탐구 질문 예시

1) 우리가 [요리사]로서, [우리 레스토랑에 온 관광객에게] [우리 지역에서 만들어지는 음식을 보여주기 위하여, 저녁 메뉴 계획을] 어떻

게 할 수 있을까?

2) 우리가 [신문 기자]로서, [역사적으로 보호되어야 하는 지역사회 건물을 설명하기] 위하여 [기사 쓰기]를 어떻게 할 수 있을까?

3) 어린이 비만 해소를 목적으로, 설득을 통해 지역 주민의 행위에 영향을 주려면 어떻게 해야 할까?

라. 프로젝트 유형에 따른 탐구질문 예시

1) 실생활의 문제를 해결하는 탐구질문

우리 지역에 좀 더 효율적인 스쿨버스 제도를 마련할 수 있을까?

사업가로서 투자자를 유치하는 사업 계획을 어떻게 마련할 것인가?

2) 디자인 챌린지 탐구질문

우리 도시에 적절한 베트남 전쟁 기념비를 어떻게 디자인할까?

우리 지역의 유적지 도보 여행을 어떻게 기획하고 실행할까?

3) 추상적인 탐구질문

왜 사람들은 이사를 가는 걸까?_ 학생들은 이야기를 읽고 국가와 지역에 관한 데이터를 비교한 후, 그들이 살고 있는 지역의 예시와 함께 탐구질문에 답할 수 있는 영상을 제작한다.

4) 연구 조사가 필요한 탐구질문

▶ 우리 지역 역사에 가장 큰 영향을 끼친 사건과 개발은 무엇인가?_ 학생들은 지역의 역사 자료를 찾아보고 지역 주민들을 인터뷰해 디지털 스크랩북을 제작한다.

▶ 우리가 마시는 물은 안전한가?_학생들은 질문에 대한 결과를 지역 사회에 발표하기 위해 실험을 수행하고 현장 연구와 전문가 인

터뷰를 실시한다.

5) 쟁점에 대한 입장을 요구하는 탐구질문

- ▶ 검열이 필요한 책도 있는가?_학생들은 과거에 검열을 받은 다양한 책들을 읽고 검열법과 법원의 결정들에 관해 학습한 후, 전국 교육위원협회에 그들의 의견을 개진하기 위해 편지를 쓴다.
- ▶ 유전자 조작 식품은 해로운가, 이로운가?_학생들은 양쪽의 입장을 평가한 후 토론회를 열어 지역 전문가와 지역 주민을 청중으로 초대한다.

마. 탐구질문 도출 예시

1) 사회과

- ▶ 핵심 아이디어: 지역사회
- ▶ 목표에 도달하기 위한 이해: 지역사회는 사람, 정부 기관, 사업체, 기관을 포함한 상호 의존적인 요소들로 이루어져 있다.
- ▶ 핵심질문: 건강한 지역사회는 무엇인가?
- ▶ 탐구질문: 어떻게 하면 건강한 지역사회에서 산다는 의미를 보여 줄 수 있는 이야기를 쓸 수 있을까?

2) 과학과

- ▶ 핵심 아이디어: 오랜 시간에 걸친 지구의 변화
- ▶ 목표에 도달하기 위한 이해: 지구는 침식, 화산 활동, 지각 변동, 기후 변화로 인해 변화한다.
- ▶ 핵심질문: 어떻게 지구는 변화해 왔는가?
- ▶ 탐구질문: 우리가 살고 있는 곳은 백만 년 전에 어떤 모습이었을까?_프로젝트 결과물은 온라인 박물관 전시물을 만드는 것이다.

탐구질문 예시

순번	프로젝트명	프로젝트 유형	탐구질문
1	농민 수고에 감사하기	디자인 챌린지	지역 농민의 수고에 감사하는 마음을 어떻게 전달할 수 있을까?
2	건강한 공동체	실생활 문제해결	평화로운 공동체를 어떻게 만들 것인가?
3	포근한 우리 집	디자인 챌린지	디트로이트 동물원 내에 동물 서식지를 어떻게 설계할 것인가?
4	암을 이겨내요	조사 연구 & 디자인 챌린지	암 연구를 어떻게 도울 수 있을까?
5	내 집 마련하기	조사 연구	내 집을 마련하는 과정은 무엇이며, 집을 구매하는 것을 어렵게 만드는 사회, 경제적 장벽은 무엇인가?
6	세상에 단 하나뿐인 아이반	쟁점에 대한 입장 취하기	인간에게 동물을 포획하여 가둘 권리가 있는가?
7	시스템 고민하기	실생활 문제해결	우리 학교 폐기물 관리 시스템은 어떠하며, 이를 어떻게 개선할 수 있을까?
8	수학자의 집 리모델링	디자인 챌린지	수학자로서 어떻게 주택 리모델링에 필요한 재료를 계산할 수 있을까?
9	지구촌 행복과 지역 봉사	추상적인 질문 탐구 & 조사연구 & 디자인 챌린지	어떻게 하면 다양한 자료, 학생들의 창의성, 지역 사회를 통해 세상을 더 행복하게 만들 수 있을까?/ 살면서 매 순간마다 자기 삶을 제대로 깨닫는 사람이 있을까?
10	남북전쟁 속 과학기술	조사 연구	과학기술은 미국의 남북전쟁을 어떻게 바꾸어놓았나?

11	우리 지역의 시민운동가	추상적인 질문 탐구 & 디자인 챌린지	우리 지역에서 인권과 정의를 수호한 시민운동가들에게 어떻게 존경과 경의를 표할 수 있을까?
12	미니 골프장 디자인하기	디자인 챌린지	삼각형의 특징과 변환을 활용하여 어떻게 미니 골프장을 디자인할 수 있을까?
13	변화의 주역들	실생활 문제해결 & 디자인 챌린지	영화 제작자로서 어떻게 우리 지역의 재활용을 독려할 수 있을까?
14	프랑스에 유학하는 미국인 교환학생	디자인 챌린지	미국인 교환학생이 학교에 잘 적응하고, 지역 사회 및 프랑스 문화에 잘 융합되도록 니콜라와 그의 친구들은 어떤 도움을 줄 수 있을까?
15	달콤한 용해	조사 연구 & 디자인 챌린지	내가 가진 화학적 지식과 이해를 캔디를 만드는 데 어떻게 사용할 수 있을까?
16	사우스 센트럴의 내일	실생활 문제해결 & 디자인 챌린지	LA 사우스 센트럴 지역을 재구상하기 위해 우리는 서로 어떻게 협력해야 할까?

출처: 『프로젝트 수업 어떻게 할 것인가?』

2022 개정교육 과정에서도 질문을 활용하여 깊이 있는 학습하기를 강조하고 있다. 질문은 학생들의 사고를 촉진하고 개념적 이해(일반화)를 이끌어내기 위한 것이며 학습 경험과 개념적 이해를 이어주는 가교 역할을 하며 동기 유발의 도구가 된다.

영어과 탐구질문의 예시는 다음과 같다. 각 교과에 맞는 탐구질문을 만드는 데 참고하기 바란다.

이해 영역 관련	• 이야기 글은 어떠한 방식으로 문화적 요소를 반영하는가? • 어떻게 하면 이야기 글을 능동적으로 읽으면서 주제나 세부 사항을 파악할 수 있는가? • 담화나 글의 세부 정보를 파악했다는 것을 어떻게 알 수 있나? • 대화에서 상대방의 의도를 이해하는 것이 왜 중요할까? • 상대방이 의도를 표현한다는 것을 어떻게 알 수 있을까? • 주제에 관한 주요 정보를 어떻게 파악할 수 있는가? • 왜 글을 정확하게 이해해야 하는가?

표현
영역
관련
	• ~를 작성할 때 어떤 방식으로 구성하는 것이 효과적일까?
	  → ~를 작성할 때 방식이 달라지면 효과가 어떻게 달라질까?
	• ~를 작성하는 것이 왜 필요한가?
	• (~에 대해 자신의 의견을 표현할 때) 상대방을 설득하려면 어떻게 해야 할까?
	• (~를) 영어로 소개하고자 할 때 효과적인 매체는 무엇일까?
	  → (~를) 영어로 소개할 때 매체가 달라지면 효과가 달라질까?
	• 소셜 미디어에서는 어떤 글쓰기가 효과적인가?
	• ~을 정확하게 전달하려면 어떻게 할 수 있을까?
	  → ~를 어떻게 전달하면 의미가 정확해지는가?
	• 친숙한 주제에 관한 사실적 정보를 어떻게 설명할 수 있는가?
	• 왜 글을 정확히 읽고 자신의 생각으로 표현하는 것이 중요한가?
	• 정보를 효과적으로 전달하려면 어떻게 해야 할까?

주제 관련	• 다른 나라의 문화를 이해한다는 것을 어떻게 알 수 있을까? → 다른 나라의 문화를 이해하는 사람은 어떤 말과 행동을 하게 될까? • 취미를 가진다는 것이 살아가는데 어떤 차이를 가지고 올까? • 우리 마을을 소개하는 것이 어떠한 의미가 있을까? • 영어는 행복한 삶에 어떤 영향을 미치는가? • 여행할 때 계획을 짜는 것은 왜 중요한가요? • 왜 우리는 환경 문제에 관심을 가져야 하는가? • 환경은 왜 우리에게 중요한가? • 가짜 뉴스를 구분하는 것이 왜 중요한가?

출처: 이석영, 2022 개정 교육과정 이해와 영어과 수업 평가-적용,
YBM 원격교육연수원

" 5 내가 하는 수업이 프로젝트 수업 맞아? : 프로젝트 디자인 체크리스트 "

다음 체크리스트는 필자가 GSPBL 일곱 가지 요소(어려운 과제/질문, 지속적인 탐구, 실제성, 학생의 의사와 선택권, 성찰, 비평과 개선, 공개할 결과물)와 프로젝트 수업 진행 시 고려해야 할 조건들을 여러 자료를 참고하여 정리해 본 것이다. 자신이 디자인한 프로젝트가 제대로 된 프로젝트 수업이 맞는지 확인할 때 활용해 보기 바란다.

◈ 프로젝트 설계 체크리스트

이 프로젝트가 다음의 조건을 만족시키는가?	YES	NO	?
1. 핵심 지식과 이해, 성공역량 ▶ 성취 기준에 근거한 핵심 지식과 비판적 사고력/문제해결력, 협업능력, 자기관리능력과 같은 역량을 기르는데 중점을 두고 있는가? ▶ 도입활동이나 채점기준표와 같은 프로젝트의 자료에서 분명한 학습 목표가 확인되는가?			
2. 도전적 문제 또는 질문 ▶ 해결할 만한 가치가 있는 문제나 질문에 바탕을 두고 있으며 학생 수준에 적절한 문제나 질문으로 시작하는가? ▶ 학생들이 충분히 도전할 만한 수준으로 느낄 것인가?			
3. 지속적 탐구 다양한 자원을 활용하여 탐구하고 자신만의 답을 만들어 나갈 수 있도록 지속적으로 학생들을 자극하는 프로젝트인가?			
4. 실제성 실생활 맥락을 가지고 실제적인 과정과 도구를 사용하며 실제적인 영향을 주거나 학생들의 고민, 관심, 정체성과 연관이 있는 프로젝트인가? 학생들이 자신의 문제로 느낄 만한 PBL인가?			
5. 학생 의사와 선택 ▶ 학생들이 결과물 제작, 프로젝트 진행 방법, 시간 사용에 대해 선택할 수 있도록 해주며 필요한 경우 교사의 적절한 지도가 있는가? ▶ 학생의 의사와 결정권을 촉진하는 도구와 과정이 존재하는가?			

6. 성찰 학생들이 자신이 무엇을 어떻게 학습하는지와 프로젝트 설계와 적용에 대해 성찰할 기회를 제공하는가?			
7. 비평과 개선 학생들이 자신의 프로젝트에 대해 피드백을 주고받을 수 있는 과정을 제공하고 아이디어나 프로젝트를 개선하거나 추가적인 탐구를 이어나갈 수 있도록 하는가?			
8. 공개할 결과물 학생들이 만든 결과물이 교실 밖의 대상에게 공개되거나 제공되는가? 학습 목표와 밀접하게 연결되는 학습 결과물인가?			
9. 이 정도의 시간을 투자할 만큼 중요한 PBL인가?			
10. 우리 학교 상황에서 이 PBL을 실천할 수 있는가?			
11. 도입활동이나 채점기준표와 같은 프로젝트의 자료에서 학습 목표가 분명하게 확인되는가?(학습 목표의 명료화)			
12. 각 단계에 특화된 수업 또는 학습 활동이 있는가?(도전적 과제와 적절한 개입)			
13. 학생에게 제공될 절차와 지침이 있는가? 학생용 프로젝트 가이드를 활용하였는가?			

※『프로젝트 수업 어떻게 할 것인가』와
『프로젝트 학습-초등 교사를 위한 안내』를 참고하여 재구성

◈ 프로젝트 설계 양식 예시

프로젝트 설계 양식(안) 1			
프로젝트명		기간	
과목		참여교사	
대상			
교육과정 성취 기준			
핵심 지식과 기능			
핵심 성공역량			
프로젝트 요약(해결해야 할 문제상황, 학생의 역할, 프로젝트 목표 등 포함)			
탐구 질문			
도입 활동			
공개할 결과물			
결과물 공개 방법			
필요한 자원			
성찰 방법			

프로젝트 설계 양식(안) 2					
프로젝트명 :			대상 :		
관련교과			참여교사		
프로젝트 아이디어 요약 (핵심 활동, 모둠 구성, 필요한 자료 및 지원 등 프로젝트를 위한 전반적인 아이디어 적기)					
탐구질문					
내용 성취 기준					
학습목표 (단계별 성취 기준) (단계별/활동별로 세분화)					
교육과정 핵심역량 (21세기 역량/체인지메이커 역량)	공동체 역량 (협력/팀워크)	☐	자기관리 역량	☐	
	의사소통 역량	☐	지식정보 처리 역량	☐	
	창의적 사고 역량 (비판적 사고력/ 문제 해결력)	☐	심미적 감성 역량	☐	
	공감능력	☐	리더십	☐	
학습 결과물	모둠		학습 결과물 전시 방법 및 공개 대상		
	개인				

프로젝트 설계 양식(안) 3					
도입 활동 (Entry Event)					
평가	**형성 평가**	퀴즈/시험	☐	프레젠테이션 연습	☐
		학습저널/학습일지	☐	메모/기록	☐
		사전계획/개관/프로토타입	☐	체크리스트	☐
		초고	☐	개념지도	☐
		온라인 시험/ 교실 시험	☐	기타: 교사 관찰	☐
	총괄 평가	평가기준표에 비추어 본 기록된 결과물 :	☐	평가기준표에 비추어본 기타 결과물/수행물 :	☐
		평가기준표에 비추어 본 구두 발표 :	☐	동료평가	☐
		선다형/단답형 시험	☐	자기평가	☐
		논술 시험	☐	기타 :	☐
필요한 자원 (성공적인 프로젝트를 위해 협력할 수 있는 사람/단체/ 회사 등)	현장 인력/시설				
	장비				
	자료				
	지역사회 자원				
	기타:				
반성적 사고 방법 (성찰하기/ 퍼뜨리기)	**개인/ 집단/ 학급 전체**	학습저널/ 학습일지	☐	포커스 그룹	☐
		학급 전체 토의	☐	동료 모델 토론	☐
		조사	☐	기타	☐

출처: 『프로젝트 학습-초등 교사를 위한 안내』

제 5장

주도성을 돕는 프로젝트 수업 운영과 관리

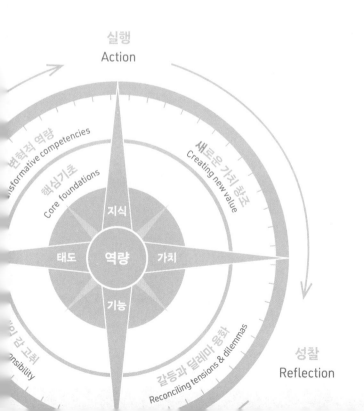

1

프로젝트 시작 단계에서 집중할 것
: 학생의 사전지식 명확화하기

프로젝트 진행과정

학생		교사
· 이 프로젝트에서 무엇을 해야 하는가? · 무엇을 알아야 하는가? · 이것이 왜 중요한가? · 내가 공부한 것을 누구와 공유할 것인가?	**1단계** 프로젝트를 시작하기, 도입활동 및 탐구질문 ⬇	· 도입활동을 진행하고 탐구질문을 제시한다. 혹은 학생들과 함께 탐구질문을 구상한다. · '학생질문목록'을 만드는 과정을 지원한다.
· 나에게 필요한 자원은 무엇인가, 내가 활용할 수 있는 자원은 무엇은가? · 내가 찾은 정보를 신뢰할 수 있는가?	**2단계** 탐구질문에 답하기 위한 지식, 이해, 역량의 개발 ⬇ 개선	· 학생들이 자원을 평가하고 활동하는 것을 지원한다. · 학생에게 필요한 수업과 비계 및 안내를 제공한다.
· 내가 배운 것을 프로젝트에 어떻게 적용할 것인가? · 새롭게 떠오른 질문은 무엇인가? · 더 필요한 정보가 있는가? · 나의 활동은 제대로 된 방향으로 진행되고 있는가?	**3단계** 결과물을 만들고 비평하기, 탐구질문에 답하기 ⬇	· 학생들이 배운 것을 프로젝트 과제에 정용할 수 있도록 돕는다. · 새로운 지식과 질문을 만들어낼 수 있도록 추가적인 기회를 제공한다. · 피드백 과정이 원활하게 진행되도록 돕는다.

·나의 활동 내용 중 어떤 것에 대해 설명할 것인가? ·나의 결과물을 발표하는 최선의 방법은 무엇일까? ·이 프로젝트에서 내가 배운 것은 무엇인가, 다음 프로젝트에서는 무엇을 해야 할까?	4단계 결과물을 발표하고 탐구질문에 대한 답을 내놓기	·학생이 자신의 활동을 평가할 수 있도록 돕는다. ·학습 및 프로젝트 과정에 대한 학생의 성찰을 지원한다.

출처: 「프로젝트 수업 어떻게 할 것인가?」

출처: 2022 개정교육과정 앎과 삶을 연결하는
프로젝트 수업 중학교 영어 PBL 자료집(2024)

프로젝트 시작 단계 일어나는 활동들은 다음과 같다.

　1) 도입활동을 진행한다.

　2) 탐구질문을 소개한다.

　3) 학생질문목록을 만든다.

주로 이 세 가지 활동이 일어나고 다음 단계들은 교실 상황에 따라 달라진다. 한 차시 안에 다룰 내용은 수업 상황과 학생들의 프로젝트 수업 능숙도에 따라 달라질 수 있다.

4) 주요 결과물을 무엇으로 할지 협의한다.

5) 프로젝트 일정을 설명한다.

6) 모둠 구성 활동과 함께 첫 번째 모둠회의를 갖는다.

7) 팀워크를 위한 기준 및 모둠계약서에 대해 협의하고 작성한다.

8) 예비 활동 목록을 작성한다.

9) 개인 활동 일지 또는 프로젝트 일지 작성을 시작한다.

10) 조사, 독서 등 관련 내용에 대해 배우는 활동을 시작한다.

출처: 『프로젝트 수업 어떻게 할 것인가?』

'무엇보다 교사는 수업을 준비하기에 앞서 학생이 이미 알고 있는 것을 파악해야 한다'는 데이비드 오수벨(David Ausubel, 1968)의 주장처럼, 학습에 영향을 미치는 가장 중요한 단일 요인은 바로 학습자의 사전지식이다. 이를 확인하여 이에 맞게 지도해야 한다. 학생들은 현재보다 살짝 높은 수준의 내용이나 활동이 주어졌을 때 가장 잘 배우는데, 이를 골디락스(Goldilocks) 원칙이라고 한다. (『프로젝트 수업 어떻게 할 것인가?』) 배울 내용이 지나치게 어려우면 학생들은 많이 배우지 못할 뿐만 아니라 공부에 대한 흥미를 잃는다. 반대로 지나치게 쉬우면 시시하다고 느끼고는 금방 지루해한다. 개별 학습자의 이해 수준에 맞춰 교수 전략과 피드백을 섬세하게 조정해야 한다.

아무리 멋진 계획이라도 교사의 계획은 학습자의 사전지식에 따라, 또 수업 중 관찰되는 모습에 따라 항상 수정되기 마련이다. 학생들은 똑같은 경험이라도 저마다 다르게 해석하며, 이해하는 정도도 모두 다를 수밖에 없다. 실제 교실에서는 모든 학생의 사전지식과 경험이 다르므로 교사는 이런 조건이 학습의 성과로 이어지도록 대비할 필요가 있다. 교사는 끊임없이 학생의 수준을 파악하여 최적의 학습 지원 방법을 찾아내야 한다. 학생의 현재 수준을 파악하여 수업을 조정하는 과정은 유동적이다. 지속적인 관찰과 그에 따른 조정이 필요하다. 끊임없이 학생의 수준과 성취도를 관찰하여 그에 따라 접근법을 달리해야 한다.

학생의 관심을 끄는 흥미로운 문제상황을 통한 막연한 참여를 이끌어내는 데에서 벗어나야 한다. 프로젝트 수업은 사전지식과 새 지식 사이의 모순을 부각하여 학습자를 지적으로 괴롭게 만드는 방향으로 나아가야 한다. 교사의 교육 활동은 이러한 격차를 깨닫게 만들거나 학습을 진행시키는 데 필요한 지원을 하는 쪽에 집중되어야 한다. 학습 단계에 따라 교수 전략, 피드백 전략, 학습 전략이 달라져야 한다. 학생이 어떤 활동을 하면서 바쁘게 움직이는 모습을 보고 그 학생이 무엇을 배우고 있는지 알 수 있는 것은 아니다. 정확히 어떤 지식이 그 학생의 머릿속을 사로잡고 있는지를 알아야 한다.

2
프로젝트 운영 전략 1
: 도입 활동(Entry Event)을 유의미하게 하라

"

프로젝트의 시작은 다른 과제나 활동과 달라야 한다. 프로젝트 수업이 지닌 흥미 요소를 극대화하고 탐구 과정을 촉발시키기 위해 일종의 작전이 필요하다. 학생들의 기대와 호기심을 자극하는 이러한 활동을 '도입활동'이라고 한다. 도입활동은 단순한 '관심 끌기'와는 다르다. 학생의 주의를 끄는 정도가 아니라 학생들이 스스로 생각하게 만드는 것이 도입활동의 목적이다. 양질의 도입활동은 학생들이 프로젝트 속 '어려운 문제 또는 과제'와 관련된 자신들의 사전지식과 접촉할 수 있도록 해준다. 도입활동은 10분이나 15분 정도로 끝날 수도 있고 수업 시간 한 시간 전체가 필요할 수도 있다. 어린 학생이나 프로젝트를 처음 시작하는 학생들과 프로젝트를 진행할 경우라면 생소한 주제를 소개하는 것이기 때문에 며칠에 걸쳐서 도입활동을 진행하게 될 수도 있다.

도입활동은 전문가의 프레젠테이션, 문서, 팟캐스트, 영상물 등 어떤 형태로든 가능하다. 좋은 도입활동에는 궁금증을 유발하는 정보가 들어 있다. 학생들이 탐구질문을 다룰 구체적인 문제상황이 도입활동에서 제시된다. 탐구질문은 직접 제시되기도 하지만, 글 안에 진술문의 형태로 들어가 있어 학생들이 그 질문을 이끌어내야 하는 경우도 있다. 학생이

하게 될 모든 과업, 학습 목표, 성공기준을 프로젝트 시작과 함께 제시한다. 탐구질문에 대한 답을 원하는 개인이나 집단을 제시한다. 교사가 학생의 수행을 평가하는 것이 일반적이기는 하지만, 교실 밖 누군가가 청중이 되는 경우도 자주 있다. 이런 실제 청중은 도입활동 단계에서 어떤 식으로든 문서상에 명시해야 한다.

도입활동 예시(출처: 『프로젝트 수업 어떻게 할 것인가?』)

- ☑ 뉴스에 나온 관심이 있는 문제나 사태에 대해 토론을 한다.
- ☑ 현장체험학습을 가거나 가상 현장 체험 학습을 한다.
- ☑ 시범이나 활동을 보여준다.
- ☑ 프로젝트 참여를 청하는 편지를 학생들에게 제시한다.
- ☑ 웹사이트를 방문한다.
- ☑ 초대 손님을 초청하거나 화상 회의를 한다.
- ☑ 영화, 소설 또는 기록물을 통해 장면들을 보여준다.
- ☑ 도발적인 글을 읽는다.
- ☑ 깜짝 놀랄 만한 통계나 헷갈리게 하는 문제를 제시한다.
- ☑ 사진들이나 예술 작품들을 전시하거나 노래를 들려준다.
- ☑ 모의실험이나 활동을 한다.
- ☑ 놀라운 통계 결과를 보여준다.
- ☑ 노래, 시, 예술 작품 등을 활용한다.

필자는 난민프로젝트를 진행할 때 유엔난민기구에 이메일을 보내 도움을 요청했다. 정우성 배우가 학생들에게 영상 편지를 써줬으면 부탁했다. 안 된다고 거절을 당했지만 성과는 있었다. 유엔난민기구에서

후원자들에게만 특별히 보내주는 리워드 상품을 보내주었고, 이후 담당자가 학교를 방문하여 학생들을 직접 만나 질의응답을 주고받는 시간을 가졌다. 이로 인해 수업과 현실 세계가 이어지는 기회가 제공되어 학생들이 프로젝트에 몰입하는 계기가 되었다고 생각한다. 프로젝트 시작단계에서 학생들이 난민체험 활동을 하게 했는데 이 또한 의미있는 도입활동이었다고 생각한다. 이 과정에서 학생들이 난민의 상황에 공감하는 기회를 제공했기 때문이다. 이는 학생들의 성찰일지를 통해 확신할수 있었다.

3

프로젝트 운영 전략 2
: 협업을 최대한 활용하라

기본적으로 대부분의 프로젝트는 일정 수준의 협업이 필요하다. 개인 프로젝트의 경우에도 학생들은 또래 학습 활동에 참여하여 서로 피드백을 주고받는다. 프로젝트 수업에서는 의도적으로 모둠을 강조한다. 모둠이 학습의 사회적 힘을 활용하기 때문이다. 그러나 모둠을 위한 모둠 활동은 아니다. 협업은 프로젝트가 지닌 실제성을 보여주는 요소로서 다양한 분야에서 문제해결이 어떤 식으로 이루어지는지를 반영한다. 복잡함이 증가할수록 여러 분야에서 전문가들 사이의 협력은 더욱 중요해지기 마련이다. 프로젝트를 통해 학생들은 협력의 경험을 하게 되는 것이다.

모둠 관리와 지도는 도입 단계에서 시작하지만, 프로젝트의 모든 단계에서 필요한 일이다. 모둠이 구성되고 나서는 모둠공동체 의식을 높여주기 위해 팀빌딩 활동을 하는 것이 좋다. 모둠 이름, 마스코트, 구호나 상징물을 정하는 활동을 하는 것도 좋은 방법이다. '협업을 잘한다'는 의미에 대해 협의를 한다거나 모둠활동에 대한 기준을 정하고 모둠 계약서를 만들어 서명하는 것도 좋다. 교사나 학생이 필요하다고 결정한 경우 모둠 내 역할을 부여하기도 한다.

고학년 학생들의 경우엔 최대한 스스로 모둠을 운영하는 것이 좋다. 만일 학생들 사이의 문제 징후를 포착했을 경우, 일단은 모둠이 스스로 문제를 해결할 수 있도록 유도해 보자. 스스로 어려움을 극복하지 못하는 모둠의 경우라면 교사의 개입이 필요하다. 필요에 따라 정확한 역할을 부여해 주인 의식을 심어주는 것이 좋다. 역할을 나눌 때는 역량으로 나누기보다는 학습 내용으로 나누는 것이 학생들이 지식과 역량을 모두 습득하는데 도움이 된다. 모둠 평가에만 의존하기보다는 개인 평가도 함께 실시하여 개개인에게 책무성을 부여하도록 한다.

학생들이 협업 방법을 익히는 데 도움이 되는 전략은 다음과 같다.

1) 모둠 단합 활동: 학생들끼리 서로 잘 모를 때에는 모둠 단합 활동을 하는 것도 도움이 된다. 모둠 이름 또는 로고 만들기와 같은 가벼운 활동이 모둠의 정체성을 형성하는 데 도움이 되기도 한다. 말문을 열게 할 만한 문구를 소개하거나, 같은 모둠에 속한 학생들이 서로의 강점을 파악하는 설문조사를 하는 것도 좋은 방법이다.

2) 책무성 강화하기: 구성원들의 책임을 명시한 모둠 계약서나 약속이 책무성을 쌓는 데 도움이 된다. 모둠 계약서 작성 자체가 하나의 좋은 모둠 단합 활동이다.

필자가 진행해 본 모둠명 만들기, 모둠 도장판 만들기 활동 장면을 소개한다. 같이 모둠구호도 외쳐보고 모둠 이름과 규칙을 왜 그렇게 정했는지 이야기 나누면서 모둠원들끼리 친해지는 계기, 프로젝트에 임하는 자세를 다짐해 보는 계기가 되었다.

모둠 세우기 활동 사례: 손바닥 그리기 활동

모둠원들의 공통점과 차이점을 바탕으로 모둠명 정하기 활동을 진행했다. 각 모둠원의 손바닥을 큰 종이 안에 다 그리게 했는데 손바닥을 그리는 과정에서 자연스레 서로 손도 대보고 손바닥을 그려주기도 하면서 즐겁게 참여했다.

1. 각 모둠원들이 마음에 드는 색의 펜을 고른 후 B4용지 한쪽에 손바닥을 대고 자신의 손을 그린다.
2. 서로 각자 좋아하는 것에 대한 이야기를 나누며 모둠원들의 공통점, 차이점을 찾아내 적는다. 손가락 마디마다 모둠원이 제시한 주제에 대한 본인의 답을 적는다.
3. 모둠원들의 특성을 바탕으로 모둠명을 정한다.
4. 모둠 규칙을 정한다.

이렇게 만들어진 모둠 세우기 용지를 모둠 도장판으로 활용하기도 했다. 모둠명, 모둠 규칙을 정한 후 모둠명과 규칙을 정한 이유 등을 모둠별로 돌아가면서 발표하기도 했다.

 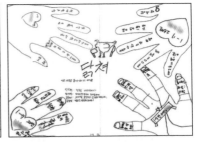

◆ 모둠 계약서 양식 예시

프로젝트 모둠 계약서	
프로젝트명	
모둠원	

우리의 약속

☐ 서로의 생각을 존중하며 경청하겠습니다.
☐ 자신이 맡은 일에 최선을 다하겠습니다.
☐ 자신이 맡은 일의 기한을 지키겠습니다.
☐ 필요할 때에는 도움을 요청하겠습니다.
☐ _____

만일 모둠원 중 누군가 우리의 약속을 지키지 않는 일이 생기면 우리 모둠은 회의를 열어 그 모둠원에게 약속을 지키라는 요청을 할 수 있습니다. 만약 그 모둠원이 여전히 약속을 어긴다면 우리는 선생님께 도움을 요청하여 해결 방법을 찾을 것입니다.

날짜: _____

모둠원 서명

_____

출처: 『프로젝트 수업 어떻게 할 것인가? 2』, 154쪽

최근에도 이 모둠 계약서를 작성하게 하였는데 유용하게 잘 활용되고 있어 뿌듯하다.

모둠 활동에 잘 참여하지 않는 한 모둠원에서 리더 역할을 자처한 A가 "○○야, 지난번에 모둠 계약서 쓴 거 기억하지?"

"선생님, 모둠 계약서 제출한 거 돌려주실 수 있나요? ○○한테 보여주려구요."라고 하자, □□가 움찔하는 장면을 목격했다.

협업을 이끌어낼 수 있는 방법에는 다음과 같은 것들이 있다. (『프로젝트 수업 어떻게 할 것인가? 2』)

1) 몸소 바람직한 행동의 모범을 보여주기: 모둠의 유능한 모둠원이란 어떤 것을 뜻하는지 교사가 직접 모범을 보인다.

2) 학교 밖 실제 협업 사례 보여주기: 학생들이 학교 밖 사례를 통해 공동 작업의 가치를 인식할 수 있게 한다.

3) 다양한 상호작용의 혼용: 팀 프로젝트라고 해서 학생들이 항상 모둠으로만 공부하는 것은 아니다. 학급 전체가 참여하거나 혼자 공부하는 기회를 주기도 한다.

4) 프로젝트 활동의 시작과 마무리는 항상 모둠별 체크인으로: 체크인은 모둠이 목표를 설정하고 진행 상황을 보고하며 확인 질문을 하고 다가오는 마감 기일을 환기시키기 위한 활동이다. 각 모둠이 짧게라도 다시 모일 시간을 만들어두면 의사소통이 더욱 원활해지고 전원이 공동의 목표에 집중할 수 있다.

5) 팀워크 성찰: 프로젝트가 진행되는 동안 중요한 시기마다 학생들이 자신의 모둠이 어떻게 활동하고 있는지를 돌아보도록 독려한다. 만약 프로젝트의 주요 학습 목표 중 하나가 협업이라면 채점 기준표와 같은 기준표가 반드시 있어야 하며 이것이 성찰 질문으로 사용되어야 한다.

4
학생의 **학습** 평가하기
: 형성평가와 총괄평가

프로젝트 수업 평가는 단편적인 지식이나 한 가지 언어기능을 평가하기보다 학습자의 언어 지식은 물론 배경지식, 의사소통 전략, 협업 능력 등 다양한 역량을 기를 수 있는 내용과 방법을 선정한다. 내용 요소뿐 아니라 학생의 참여도 등의 정의적 요소도 평가의 대상이 된다. 평가 과정에서도 학습이 일어나며 향후 학습에 긍정적 영향을 주는 평가이다. 주어진 과제에 대해 조사와 연구를 수행하고 해결하는 과정에서 학습이 일어나며 비판적 사고력, 협력과 공감, 자기 성찰, 타인에 대한 존중 등 인성적인 면에서도 성장을 가져올 수 있다. 과제의 성공적 수행을 통해 자신감과 학습 동기가 향상되며, 이는 향후 학습에 긍정적인 영향을 줄 수 있다. 프로젝트 수업에서는 학습자의 선택과 자율성을 인정하는 평가가 이루어진다. 큰 주제와 학습 목표는 교사가 결정하되, 모둠별 발표 주제 등 구체적인 세부 사항은 학생이 선택할 수 있다. 자기평가와 동료 평가를 통해 학생도 채점에 참여할 수 있게 하여 책임감과 주인의식을 기를 수 있다. 조사 연구 발표나 결과물을 공개하는 평가의 경우 평가 자체가 다른 학생들도 다양한 내용과 기능을 배울 수 있는 좋은 수업이 된다. 동료 간의 피드백을 통해 결과물을 개선, 발전시킬 수 있는 기회를 주게 되는 것이다.

가. 형성평가와 총괄평가에 대한 이해

형성평가, 즉 학습을 위한 평가는 프로젝트의 전 기간 중 자주 이루어져야 한다. 또 학생들에게는 피드백을 참고하여 자신의 학습 결과물을 수정하기 위한 충분한 시간이 필요하며, 이 과정에서 학생들은 최고를 목표로 작업하면서 여러 번 글을 고쳐 쓰거나 결과물을 수정한다.

총괄평가, 즉 학습에 대한 평가는 프로젝트의 종료 시 이루어지기는 하지만 학생들은 프로젝트를 시작할 때부터 자신이 어떤 평가를 받게 되리라는 것을 분명히 이해하고 있어야 한다.

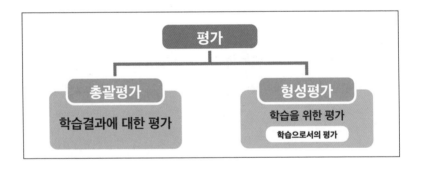

교사는 프로젝트 시작 때 특정 학습 목표의 달성을 이해하기 쉽게 설명한 평가기준표를 제시하여 모든 평가계획을 투명하게 공개한다. 프로젝트 수업 평가는 또한 개인 평가와 모둠 평가, 자기평가와 동료평가, 그리고 교과 내용 평가와 역량과 비슷한 의미의 성공 기술(Sucess Skills) 평가 사이의 균형을 유지한다.

나. 평가계획 수립을 위한 전략

1) 성취 기준을 투명하게 밝힌다.

과제와 마감 기한을 사전에 공지. 프로젝트의 단계마다의 성취 기준을 명확하게 한다. 학생들이 프로젝트 수업의 학습 목표를 이해하고 받아들일 수 있도록 도입활동이 끝나면 바로 학생들과 평가계획을 공유한다. 이를 위해서는 먼저 채점기준표 분석이 필요하다. 자신의 프로젝트 수업 경험과 학교 상황에 따라 프로젝트 채점기준표를 처음부터 새로 만들기도 하고 과거에 썼던 것을 용도에 맞게 수정하여 다시 쓰거나 학년이나 학교 전체가 공통으로 사용하는 채점기준표를 사용할 수도 있다. 출처가 어디든 간에 중요한 것은 학생들이 평가에 쓰인 표현을 반드시 이해하고 학습자로서 자신의 성장을 이끄는 데 이를 활용하는 방법을 익혀야 한다는 점이다.

한 가지 좋은 방법은 이전 프로젝트 때 나온 학생 결과물을 보여주고 채점기준표를 채점 가이드 삼아 이를 평가해 보게 하는 것이다. 이때 평가 용어는 학생들이 반드시 이해해야 한다. 낯선 용어는 스스로 뜻을 알아보게 하거나 아이들이 이해하는 비슷한 말로 제시하도록 한다.

협업이나 비판적 사고와 같은 성공 기술(역량)을 프로젝트의 일부로 평가하고자 한다면 그러한 학습 목표가 반드시 분명하게 정의되어야 한다. BIE는 내용 지식 평가용 채점기준표와 성공 기술(역량) 평가용 채점기준표를 분리하여 사용할 것을 권장한다.

2) 형성평가를 강조한다.

다양한 방식으로 형성평가가 이루어진다. 수업이 끝날 때마다 학생의 이해를 확인하는 퇴장권(exit ticket)이라든지, 학생들이 자신의 학습을 스스로 평가하는 성찰일지, 또는 아이들이 서로에게 구체적인 피드백을 제공하는 갤러리 워크 같은 활동 등 다양한 방법이 사용된다. 모든 형성평가는 학생에게 시의적절하고 이해와 실행이 가능한 피드백을 제공하는 하나의 기회이다. 형성평가는 다음 수업 계획을 위해 정보를 제공하고 상황을 진단하는 기능을 한다. 교사는 형성평가를 통해 '이 개념을 다른 방식으로 더 가르쳐야 할까? 자료를 더 제공해야 하나? 아이들을 더 깊게 파고들게 하거나 사고를 확장시키도록 몰아붙여야 하는가?' 등의 다양한 상황을 진단할 수 있다. 한편 학생들은 형성평가를 통해 학습을 위한 피드백을 적시에 얻게 되며 자신의 이해를 표현하는 우수한 결과물을 산출할 수 있도록 도움을 받는다. 형성평가 때마다 점수를 부여하는 방식보다는 중요한 이정표 과제와 총괄평가 때 등급을 부여하는 방식을 추천한다.

아이들에게 실질적인 영향을 미치려면 교육자는 반드시 학생 한 명 한 명이 활동을 하면서 무슨 생각을 하는지를 알아내야 하고, 이를 근거로 하여 학습에 도움이 되려면 앞으로 어떤 활동이 필요한지에 대한 결정을 내려야 한다.

질문은 추측을 검증하기에 좋은 방법이다. 교사는 질문을 통해 학생이 어느 정도 이해했는지 지속적으로 평가할 수 있으며 이를 바탕으로 적절한 지도가 가능하다. 프로젝트가 진행되는 내내 학생들이 자신이 현재 경험하고 있는 인지적 부조화를 해결할 수 있게 만들어야 한다. 다음 네 개의 질문을 프로젝트 내내 자주 활용하도록 하자. '학습의 목적은 무엇인가? 현재 나는 학습 과정의 어디쯤에 있는가? 내가 다음에 할 일은 무엇인가? 나와 다른 사람들의 학습을 어떻게 증진시킬 것인가?'

학생들이 자신의 학습에 관한 토의를 진행 중일 때 이를 들어보고 질문을 던져보자. '그 얘기에 대해 좀 더 말해 볼래?' '사례를 들어줄 수 있어?' '왜 그렇게 생각해?' '네가 이야기하는 내용의 이면에 있는 네 생각을 좀 더 듣고 싶어' '네 주장은 무엇이지?' '그 증거는 네 추론을 어떻게 뒷받침하지?' 적절한 질문은 뭔가를 지속할 정신 근육을 기르는 데 도움이 된다.

3) 개인 평가와 모둠 평가의 균형을 맞춘다.

프로젝트 수업에서 팀워크는 중요하다. 이는 교실 밖 실생활에서 협업의 중요성을 반영한다. 프로젝트 수업 교사들은 모든 학생이 편안함을 느끼고 모든 의견을 중요하게 여기는 협력적 수업 문화를 조성한다. 많은 프로젝트 수업 입문자들을 당혹스럽게 하는 것은 모둠의 결과물을 평가하면서 어떻게 동시에 개별 학생의 학습을 평가해야 하는가이다.

① 개인 평가와 모둠 평가를 분명히 구분하기: 프로젝트 계획 단계 때 개인 과제로 할 것과 모둠 과제로 할 것을 정하고 그에 따라 평가를 한다. 예를 들어 학생 각자는 핵심 내용의 이해를 평가하는 에세이를 쓰거나 시험을 쳐야 한다. 모둠 결과물로는 배운 것을 적용하여 공동의 해결책이나 결과물을 산출하는 방식을 취할 수 있다.

② 동료 책무성의 강화: 모둠 평가 전략은 학생들이 자신의 모둠에 책임감을 가질 수 있게 해주어 자기 몫을 제대로 하지 않는 구성원의 무임승차 문제를 해결하는 데 도움이 된다. 효과적인 협동학습을 위해 모둠 계약서를 활용하는 방법에 관해서는 앞서 언급한 바 있다. 필자는 책무성 강화를 위한 한 가지 전략으로 학생들에게 모든 구성원의 기여도를 평가하게 하는 방법을 쓰기도 한다. 노력에 따라 개인의 점수를 조정해 보게 할 수 있다. 만약 모든 조원이 자기

몫을 제대로 하였다면 전원이 같은 점수를 받는다. 만약 누군가가 자기 몫을 하지 않았거나 더 많은 일을 한 사람이 있을 때에는 점수 조정이 이루어질 수 있다. 학생들은 사전에 이 점을 알고 있어, 모두 책임감을 갖고 임하게 된다. 동료평가 점수를 그대로 성적에 반영하기보다는 개개인이 비판적인 사고를 하고 있는지 동료평가에 성실하게 참여하는지 참여하는지 보는 것이라고 강조하고 참여도를 이끄는 용도로만 활용할 수도 있다.

③ 모둠 활동에 대한 성찰 독려: 자기 모둠의 협동 작업을 성찰하게 한다.

4) 다양한 경로의 피드백을 장려한다.

자기평가 이외에도 동료평가, 전문가나 청중의 평가 등이 가능하다.

① 동료 피드백 유도: 론 베르거의 '피드백은 친절하고 구체적이며 도움이 되어야 한다'는 원칙을 지키도록 한다.

② 청중에게 피드백 요청하기: 학생의 결과물을 위한 실제 청중이 존재한다는 사실은 학생의 흥미를 증진시키고 학생으로 하여금 수준 높은 결과물을 내고 싶게 만드는 요인이 된다. 그렇기 때문에 공개할 결과물은 프로젝트 수업 설계에 있어서 핵심 요소 중 하나로 간주된다. 이러한 공개 발표를 프로젝트 결과물을 공유하는 자리로 활용하는 데 그치지 말고 청중의 피드백을 받는 기회로도 활용해 보자.

③ 전문가 피드백 독려: 전문가에게서 나온 피드백은 더 무게를 가진다.

출처: 『프로젝트 수업 어떻게 할 것인가? 2』

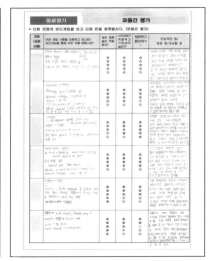

동료평가 적용 예시

다. 총괄평가 실행 전략

형성평가와 총괄평가는 어떻게 다른가? 일반적으로 동일한 평가가 형성평가로 활용될 수도 있고, 총괄평가로 활용될 수도 있다. 획득한 평가 정보를 가지고 무엇을 하느냐에 따라 형성평가가 되기도 하고 총괄평가가 되기도 한다. 객관식 시험의 경우도 학생들의 수행결과를 피드 포워드 방식으로 사용할 경우에는 형성평가고, 반면에 성적이나 책무성을 묻는 데 사용했다면 이때는 총괄평가라고 할 수 있다. 교육학 교수 로버트 스테이크의 다음 인용구는 형성평가와 총괄평가의 차이를 말할 때 자주 인용된다. '요리사가 수프를 맛보는 건 형성평가이고, 손님이 수프를 맛보는 건 총괄평가이다' 프로젝트 수업 총괄평가는 프로젝트의 성격에 따라 다음과 같이 여러 형태를 띤다.

☑ 프로젝트 채점 기준표에 의거한 최종 결과물의 점수

☑ 배운 것을 적용할 수 있는지를 평가하는 수행 과제

☑ 내용 이해를 알아보는 기말시험 또는 에세이 평가

☑ 학생의 최종 발표나 전시회에 대한 전문가의 의견

☑ 학생의 일지, 설계 노트, 실험 보고서, 기타 학습이 일어났음을 증명하는 서면 결과물

출처: 『프로젝트 수업 어떻게 할 것인가? 2』

라. 프로젝트 수업 평가에 대한 조언

평가할 때는 모둠 결과물보다는 주로 개인 수행을 근거로 해서 성적을 부여한다. 이때 모둠 결과물을 아예 평가하지 않는 것도 고려해 볼만하다. 그렇게 하더라도 자신의 작품이 대중에게 공개될 예정이기 때문에 학생들은 여전히 수준 높은 결과물을 완성하려는 동기를 유지할 것이다. 다시 말해 모둠 활동은 자연스럽게 협업이 이루어질 수 있는 환경 조성에만 초점을 두고 굳이 모둠 활동을 점수화할 필요는 없다는 것이 필자의 생각이다. 단, 평가 기준에 대한 가이드라인은 학생들에게 정확하게 알려주는 것이 좋다.

☑ 내용 지식 및 기능의 습득 점수와 성공역량 평가 결과를 구분한다.

☑ 진행 중인 작품이나 초고의 질은 평가하지 않는다. 해당 단계의 완료 여부에 대해서만 점수를 부여한다.

형성평가 시스템 실행의 핵심적인 요소는 교사가 한쪽에서 소수의 다른 모둠 구성원들과 면담 혹은 교육을 하는 동안에도 나머지 학생들은

서로 협력하면서 생산적인 학습활동을 계속할 수 있게 하는 것이다. 교사가 없는 상황에서도 학생들이 학습활동을 하게 만드는 열쇠는 새 학년이 시작되었을 때 그 방법을 가르치는 것이다. 다만, 학생들에게는 또래와 함께 완수할 과제를 제시하기 전에, 각각의 생산적 모둠 활동에 참여하여 과제를 완수했을 때 어떤 수준에 이르기를 기대하는지 반드시 알려줘야 한다.

많은 교사들이 형성평가 시스템을 실행하지 못하는 이유 중 하나는 모둠 활동을 활용하지 않기 때문이다. 혹은 모둠 안에서 생산적인 활동을 할 수 있도록 학생들을 가르치지 않기 때문이다. 생산적 모둠 활동이 없는 수업에서 형성평가 시스템은 와해된다. 왜냐하면 교사가 재교육이 필요 없는 학생들까지 포함해서 학급 전체를 대상으로 다시 가르쳐야 하거나, 또는 학생들을 한눈팔지 않고 계속 바쁘게 하기 위해서 독자적 과제를 과도하게 부여할 수밖에 없기 때문이다. 이는 학생들이 이미 알고 있는 것들을 수행하면서 시간을 낭비하게 된다는 의미다. 프로젝트 수업 문화 조성과도 맞닿아 있다고 볼 수 있다.

5

학습을 위한 비계 제공, 피드백은 어떻게?

비계(scaffolding)란 교수자가 학생에게 적절한 교수·학습적 도움을 제공함으로써 유의미한 학습을 수행할 수 있도록 하는 것이다. 다시 말해, 학습자들이 자신의 현재 수준을 넘어 다음 단계까지 이르게 하기 위한 발판을 제공하는 학습 촉진 전략이다.

프로젝트 수업에서 비계는 모든 학생이 출발점과 관계없이 학습자로서 성장할 수 있도록 필요한 도움을 제공하는 일이다. 교사들은 학생들이 교과 내용을 어떻게 접할 것인가에서 출발해 조사·연구를 실행하거나 동료와 협업할 준비에 이르기까지 모든 것을 고려한다. 활동 중인 학생들을 관찰하면서 그들의 요구를 파악하여 필요할 때 개입할 여러 가지 도구를 가지게 된다. 비계 제공이라는 교사의 개입은 프로젝트가 진행되는 내내 이루어진다. 사전에 계획된 지원도 있고, 학생들이 프로젝트 진행 중 도움이 필요할 때 나오는 것들도 있다. 비계에 따라서는 학급 전체에 적합한 것도 있다. 어떤 학생들에게는 특정 학습 문제를 해결하기 위해 좀 더 개별화된 개인 지도나 소집단 지도가 필요하다는 걸 형성평가를 통해 알게 되기도 한다.

프로젝트 수업에서 비계의 목적은 학생 한 사람 한 사람을 학습 목표에 도달시킬 환경의 조성과 필요한 지원의 제공이다. 톰린슨은 어떤 아이들에게는 생각이 필요 없는 단순한 과업을 주고, 다른 아이들에게는 선생님이 중요하게 생각하는 어려운 과업을 부여하는 패턴에 빠지기 쉽다고 경고한다. 교사가 진정 원하는 것은 모든 학생이 필수 지식, 이해, 기능에 집중하는 일이다. 한 걸음 더 나아가 모든 아이가 자신이 맡은 바를 해내기 위해 반드시 생각할 수밖에 없도록 만드는 일이다. (『프로젝트 수업 어떻게 할 것인가? 2』) 자기관리 능력을 기르기 위해서는 프로젝트를 하면서 스스로 일의 흐름을 관리하는 독립적인 학습자가 될 수 있도록 달력, 프로젝트 과업 점검표를 비롯한 여러 가지 프로젝트 관리 도구를 사용하도록 도와주어야 한다. 실패에서 회복할 수 있도록 돕는 일 또한 비계의 중요한 역할 중 하나이다. 학생들이 자신의 능력을 활용해 위험을 감수하고 실패를 극복한다면, 이는 교과 내용 그 이상의 것을 배우는 셈이다. 내 프로젝트의 주인은 나라는 걸 깨달았을 때, 비로소 삶의 길목마다 내리는 결정의 주인이 다른 누구도 아닌 '나'라는 걸 배우게 된다.

프로젝트가 끝날 때까지 학생들이 알았으면 하는 것과 할 수 있었으면 하는 것을 고려해 학습 목표를 선정한다. 이어서 성취 기준에 부합하는 학습이 일어났음을 보여주는 증거가 될 만한 주요 산출물도 여러 가지 생각해 냈다면 비계 계획도 세워야 한다. 효과적인 비계 계획을 수립하기 위해서는 결과물을 분석해 어떤 지식과 이해와 기능이 필요한지 결정해야 한다. 교실에서 주로 사용할 수 있는 비계 전략은 다음과 같다.

1) 질문과 추측으로 시작하기: 질문을 이끌어 내는 도입활동은 탐구에 대한 비계도 되지만 일종의 읽기 전 활동이 된다.

2) 함께 읽기: 어려운 자료는 같이 읽는다.

3) 맞춤식 추가 지원(개별화 방법은 여러 가지 있을 수 있다.)

① 내용의 개별화: 학생들은 다양한 방법으로 정보를 접할 수 있어야 한다. 만화, 소설이나 오디오북처럼 몇 가지 서로 다른 매체로 내용을 제시하고 학생들이 원하는 방식을 골라 내용을 접하게 할 수 있다. 같은 내용을 수준별로 제시할 수 있다. 영상물, 토론, 읽기 자료, 시각 자료 등 학습자가 친해질 수 있는 여러 가지 방법을 제공할 수 있다. 학습 스테이션을 활용해서 학생들에게 선택권을 줄 수 있다.

② 과정의 개별화: 과제 수행 중에 배운 것을 표현하는 방법을 학생 스스로 선택하게 할 수 있다. 예를 들면 미국 혁명 초창기 영국인과 식민지인 사이의 관계를 배운 뒤 이를 표현하는 방법으로 정치 풍자만화 그리기나 신문 편집자에게 편지 쓰기, 혹은 도표 만들기 같은 몇 가지 선택지를 주는 방식이 있을 수 있다. 학생들이 자신의 생각을 어떤 식으로 표현하고 싶은지 결정하면서 자동적으로 개별화가 이루어지는 셈이다.

③ 결과물의 개별화: 우수한 결과물은 학습 목표에 부합하고 학습 목표의 중요한 부분을 제대로 구현해 낸 것이다. 어떤 결과물을 내놓을지 학생들 스스로 선택하게 하면 학생들은 자신이 가장 잘한다고 생각하는 방법을 찾을 가능성이 높아진다. 같은 결과물을 요구하더라도 개별화의 여지는 남겨둘 수 있다. 영상 제작이나 연극의 경우 구체적인 소재나 대본, 무대설계, 편집에 있어서는 학생들에

게 결정권을 줄 수 있다.

출처: 『프로젝트 수업 어떻게 할 것인가? 2』

비계를 제공한다는 것은 피드백을 준다는 의미와도 통한다. 교수 · 학습 과정에서 피드백은 학생들의 학습 과정과 결과에 대하여 다양한 의견을 제공하는 모든 형태의 의사소통을 말한다. 피드백은 이미 잘한 행동과 성과를 더 잘할 수 있도록 촉진한다. 부족한 점을 개선하고, 원하는 성과를 내도록 이끈다. 적극적인 학습활동을 유도하며, 학습 촉진제로 작용한다.

효과적인 피드백은 교사나 학생이 제기한 세 가지 질문에 답을 해야 한다.

☑ 목적지 피드백(feeding up): 나는 어디로 가고 있는가? (목표가 무엇인가?)

☑ 현 수준 피드백(feeding back): 나는 어떻게 가고 있는가? (목표를 향해 나아가고 있는가?)

☑ 다음 단계 피드백(feeding forward): 다음 단계로 가기 위해 무엇을 해야 하는가? (개선을 위해 어떤 활동이 필요한가?)

『학생의 배움과 성장을 지원하는 과정 중심 피드백』에서 제시하고 있는 효과적인 피드백 방법은 다음과 같다.

1. 피드백의 내용은 학생이 이해할 수 있도록 구체적이고 명확하게 제공한다. 무엇을 잘했는지 구체적으로 말해주어야 한다. 부족한 부분이 있을 때는 시간을 가지고 무엇을 잘했고, 어떤 점을 개선해야 하는지 정

보를 제공한다.

2. 피드백은 시간이 흐른 후보다 바로 제공하는 것이 가장 효과적이다.

3. 효과적인 피드백은 학생이 배워야 하는 구체적인 성취 목표와 관련이 있어야 한다.

4. 평가적 피드백보다 조언적 피드백을 제공한다. 피드백의 목적이 학생들의 학습을 도와주려는 것임을 전해야 한다. 피드백은 학생을 존중하고 지원하는 어조를 사용한다.

5. 학생은 자신의 수행에 대한 정보를 제공받아야 한다. 학생에게 피드백을 학습에 사용할 기회를 제공해야 한다.

6. 피드백은 시의적절하게 제공한다.

7. 피드백의 양과 횟수는 피드백 받는 사람이 이해하고 활용할 수 있는 정도로 한다.

*피드백의 역효과가 일어날 수 있는 상황들

☑ 학생이 너무 엄격하게 점검받고 있다고 느낄 때

☑ 학생들이 피드백으로 자신을 통제하는 수단으로 사용하고 있다고 느낄 때

☑ 학생들이 경쟁 상황이라는 불편함을 느낄 때

효과적인 피드백인지 평가하기 위한 점검표

1. 학생이 수행한 과업 혹은 과업을 수행하기 위해 사용한 과정(process)을 명백한 기준에 비추어 조언하고 있는가?

2. 피드백은 학생이 사용할 수 있는 시점에 시의적절하게 제공되는가?

3. 피드백은 핵심 혹은 요점을 적절한 분량으로 제시되는가?

4. 피드백은 학생이 다음 단계로 나아가는 것을 도와줄 수 있을 정도로 충분히 구체적이지만, 학생의 할 일을 대신해 줄 정도로 구체적인 정보를 담고 있지는 않은가?

5. 피드백의 어조(tone)와 의도(intention)는 긍정적인가?

6. 피드백이 학생에게 명확한가?

7. 피드백의 어조는 학생이 학습의 주체라는 것을 시사하고 있는가?

8. 피드백은 교사가 학생의 수행이나 학생이 생각하는 것에 대해 알았던 것을 반영하는가?

9. 피드백을 받은 학생은 피드백으로부터 무언가를 배울 것인가?

출처: 『학생의 배움과 성장을 지원하는 과정 중심 피드백』, 126쪽

피드백에 대한 학생들의 적극적인 활용 촉진하기		
학생들이 피드백을 활용하는 데 영향을 미치는 요인들	학생들이 피드백을 활용하게 하기 위한 조건	학생들이 피드백의 적극적 수용자가 되도록 돕기
☑메시지 수신자 ☑메시지 발신자 ☑메시지 ☑맥락	☑학생이 피드백을 유용하다고 인식해야 함. ☑학생은 피드백 사용 전략을 가지고 있어야 함. ☑교사는 피드백 제공 시, 성적을 함께 제공하지 않음.	☑학생이 피드백을 제대로 이해하도록 하기 ☑나와 피드백을 주는 사람 간 정보 해석에 있어 차이점이 무엇인지 알고, 이를 줄이기 위해 노력하기 ☑보여주고 싶은 나와 보이는 나의 차이를 알고, 보이는 나를 알기 위한 활동하기

출처: 『학생의 배움과 성장을 지원하는 과정 중심 피드백』, 149쪽

6

프로젝트 수업 Q&A, 수업 진행 시 유의할 점

Q. 제가 하고 있는 수업이 프로젝트 수업이 맞나요?

프로젝트는 하나의 계획, 어떤 일을 계획적으로 하는 것. 학교 교육은 '사회적 상황에서 전심전력으로 목적을 추구하는 활동'으로 이루어져야 한다. 학생들이 수업 시간에 자신의 삶과 관련된 문제 상황이나 목적을 명확히 인식하고 몰입하여 배움이 일어난다면 프로젝트 수업이라 할수 있다.

Q. 학습량이 부족하지 않나요?

그렇지 않다. 프로젝트 수업은 핵심 지식과 역량을 강조한다. 프로젝트 수행 과정 중에 충분한 학습이 이루어지도록 디자인해야 한다. 가르칠 것은 확실하게 가르쳐야 한다. 학생이 프로젝트 수업을 수행하기 위해 필요한 기초 지식과 역량은 강의를 통해 가르쳐야 한다. 기초 지식 이외에도 지식을 응용하는 능력, 자료를 조사하고 정리하는 능력이 길러지면 오히려 교과서 내용만 공부하는 것보다 넓고 깊게 공부할 수 있다.

Q. 프로젝트 수업을 하면 교사는 할 일이 없는 것 아닌가요?

그렇지 않다. 학생 활동 중심 수업이라고 해서 교사들이 수업 시간에 노는 것은 아니다. 오히려 교사의 역할이 굉장히 중요하다. 교사의 역할은 다음과 같다.

- ☑ 프로젝트 수업 기획과 계획하기
- ☑ 디브리핑하기: 핵심 지식과 역량 전달하기, 프로젝트의 의미 전달
- ☑ 연결 짓기: 교사는 조력자로서 학생들의 경험이 새로운 지식과 연결될 수 있도록 적절한 비계 제공
- ☑ 학생 관찰하기
- ☑ 평가하기: 자기평가, 동료평가, 교사 관찰 평가, 체크리스트 등 활용(관찰과 평가는 상호 연결성이 있다.)
- ☑ 기록하기: 수업 중 일어나는 것들, 수업 전후 교사의 성찰 등 기록하기. (관찰, 평가, 기록은 상호 연결된다.)
- ☑ 피드백 주기(학생 개개인에 대한 적확한 관찰이 있어야 적절한 시기에 피드백이 가능하다.)
- ☑ 질문하기(교사의 개입인 질문은 피드백의 일종이다.)
- ☑ 프로젝트 수업 문화 조성하기

프로젝트 수업 운영 시 주의사항

☑ 선생님들이 그리는 결과물로 끌어가지 말자.

☑ 결과물에 대한 부담 때문에 이벤트, 만들기 중심의 과제제시가 되지 않도록 주의한다.

☑ 하기 좋은 것을 하는 것이 아니라 가르치고자 하는 것이 학생들이 해결할 과제가 되도록 해야 한다.

☑ 학생들의 문제해결 과정 경험이 중요하다.

☑ 어떤 지식과 기능을 키워줄지가 핵심이다.

☑ 학생들에게 최대한 많은 선택권을 주고 학생 중심으로 활동을 끌어갈 수 있게 수업을 디자인하라.

☑ 학생들이 좋았다는 피드백은 전체 공유하여 좋은 점을 부각시키는 것이 좋다.

☑ 프로젝트 수업을 통해 성장한 사례를 학부모들에게 공유하는 것이 좋다. 학생들의 긍정적인 의견을 들려주는 것이 좋다.

☑ 같은 문제를 던졌는데도 반마다 다른 결과물이 나올 수 있다.

☑ '이런 거 왜 해요?'라는 질문이 안 나오도록 학생 흥미도 끌면서 성취 기준을 달성하는 과제 개발이 관건이다.

☑ 와 닿지 않는 문제 상황보다는 본인 주변 문제를 다루는 것이 좋다.

☑ 일단 학생들이 목적의식을 가지게 되면 과제에 몰입하게 된다.

☑ 강의를 한다면 소요할 시간만큼, 한 단원에 배정된 시수만큼 프로젝트 운영에 할애하는 것이 적절하다.

☑ 성찰, 디브리핑(debriefing) 단계가 전체 계획에 꼭 들어가도록 한다. 학생들의 개별적인 경험으로 습득된 지식은 각자 다르지만, 친구들, 교사, 텍스트, 여러 자료 등과 상호작용하며 조금씩 다듬어진다. 최종적으로 교

사의 디브리핑, 즉 개념 정리를 통해 점차 논리적 지식으로 연결된다. 프로젝트 수업에서 경험의 확장은 주변과의 상호작용으로 이루어지며 교사의 디브리핑은 중요한 역할을 한다. 이런 프로젝트 수행 과정에서 반성적 사고능력이 길러진다.

---◆---

프로젝트 수업에 임하는 교사의 마인드

☑ 구성주의 관점으로 접근한다. 모든 아이가 가진 배경지식, 환경이 다르고 경험을 통해 얻게 되는 것도 다 다르다.

☑ 교사가 스스로 과목의 경계를 허물어야 한다.

☑ 생각하는 힘, 질문하는 힘을 학생들에게 가르쳐줘야 한다.

☑ 내가 졸업시키는 아이들이 어떤 모습으로 졸업할지 상상해보자. 특정 교과목 성적이 좋은 아이보다는 배려 있고 용기 있고 겸손한 아이 사회생활 잘하는 아이를 바라지 않는가? 그렇다면 학교에서 그런 연습을 시켜야 한다. 지식과 역량 모두 염두에 두고 수업을 디자인해야 한다.

☑ 지식의 구조화, 통합은 지식을 계속 주입시키기만 한다고 저절로 이루어지는 것이 아니라, 통합하는 연습을 시켜야 가능하다.

☑ 교사가 학생을 이해시킬 수 없다. 학습자가 스스로 이해해야 한다.

제6장

프로젝트 수업
사례 공개

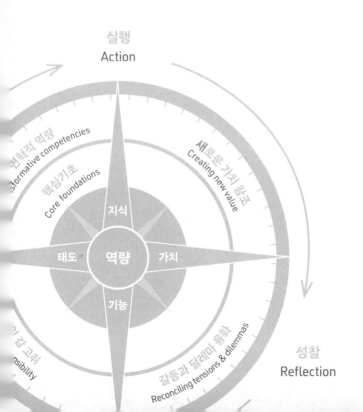

실행
Action

전환적 역량
nsformative competencies

핵심기초
Core foundations

새로운 가치 창출
Creating new value

지식

태도 역량 가치

기능

책임감 고취
nsibility

갈등과 딜레마 완화
Reconciling tensions & dilemmas

성찰
Reflection

이번 장에서는 프로젝트 수업을 디자인하고 운영하는데 선생님들이 도움을 받을 수 있도록 프로젝트 수업 개요부터 차시별 진행 과정까지 자세하게 안내한다. 2022 개정 교육과정에서 강조하고 있는 깊이 있는 학습을 위한 개념기반 학습의 평가 설계 방법인 GRASPS를 적용해 작성한 프로젝트 수업 개요도 실었다. 4~6차시 이내로 가볍게 시도해 볼 수 있는것에서부터 10차시 이상 긴 호흡이 필요한 프로젝트 수업 사례를 소개한다. 프로젝트 수업은 그 자체가 교과 융합을 전제하고 있다. 이를 참조해 아이디어 중심으로 진행 과정상 운영 노하우 등에 초점을 맞춰 본인의 수업에 다양하게 적용해 보기 바란다.

프로젝트 수업 디자인 및 진행 과정을 크게 탐구-실행-성찰의 3단계로 나누어 정리해 보았다.

탐구 단계에는 '왜 이 프로젝트 수업을 시작했냐고요?'를 통해 각 프로젝트 수업의 디자인 의도를 담았고 '프로젝트 수업 개요'에 1) 성취기준, 2) 탐구 질문, 3) 수행과제를 담았다.

프로젝트 수업 디자인은 백워드 설계(Backward Design, 위긴스와 맥타이)의 절차를 따랐다. 백워드 설계는 수업 목표를 설정한 후 학생들이 학습한 결과의 증거로 인정할 수 있는 평가를 먼저 설정하고 학습 경험을 선정하는 수업 설계 방법이다. 백워드 설계의 목표인 전이가 가능한 학습을 위해서는 어떤 학문이나 현상의 심층부에 있는 핵심적인 아이디어와 원리를 가르쳐야 하며, 이는 프로젝트 기반 학습 설계에서 매우 중요하게 적용된다.

2022 개정 교육과정의 성취기준을 바탕으로 프로젝트의 목표를 설정하고 학습자들이 도달해야 하는 목표를 설정한 뒤 학생들이 프로젝트의 필요성을 인식하고, 주도적인 탐구와 심층적인 학습을 촉진할 수 있도록 탐구 질문을 제시했다. 필자가 제시하는 탐구 질문은 하나의 예시일 뿐이고 같은 프로젝트 주제라도 어디에 초점을 두느냐에 따라 탐구 질문이나 수업 진행 방식은 달라질 수 있다는 것을 염두에 두기 바란다.

수행과제 선정은 GRASPS 모델을 따랐다. 학습자의 이해 여부를 판단할 수 있도록 수행 과제를 개발해야 하는데, 수행과제는 문제 해결 과제의 형식으로 제시되며 학습자가 과제를 해결하는 과정에서 이해를 성취한 정도를 보여주기 때문에 수행과제는 곧 평가 과제의 성격을 지닌다고 보았다.

실행 단계에는 차시별 프로젝트 진행 과정을 담았다. 프로젝트 기반 학습의 일반적인 절차는 다음 페이지에 제시된 표와 같다.

성찰 단계에는 교사와 학생의 성찰을 담았다. 학생 성찰은 프로젝트 성찰 일지 위주로, 교사 성찰은 프로젝트 진행 과정에서 깨닫게 된 점들, 비하인드 스토리 등을 담았다.

단계	도입 단계	탐구 단계		결과물 발표 단계	성장 단계
		비평과 개선 단계			
세부 활동	· 학습 목표 확인 · 수행 과제 확인 · 탐구 질문 확인 · 사전 지식 점검	· 교과 지식, 기능 탐구 · 교사의 강의를 통한 이해 · 읽기, 쓰기, 보기, 말하기, 발표하기, 협력하기를 통한 탐구 · 지식과 기능, 중간 결과물, 탐구 과정, 모둠 활동에 대한 비평과 개선		· 결과물 발표 · 청중(학교 안팎)과 질의응답	· 축하 · 성찰 · 다음 프로젝트 수업을 위한 준비 · 데이터 수집

필자가 제시하는 프로젝트 수업 사례를 통해 '이 정도면 해볼 만하다'는 자신감을 얻길 바란다. 단순한 활동 하나라도 실천해 보는 것부터 시작하자.

10차시 이상의 프로젝트 사례는 학교 자율시간 프로그램으로 활용하는 것도 가능하다.

프로젝트 수업 아이디어 가볍게 떠올리기

프로젝트 제목	Speak Yourself! Love Yourself!
대상 학년	중학교 1학년
프로젝트 아이디어	학생들이 가치 있는 존재라는 것을 이미 충분한 존재라는 것을 깨닫게 해주고 싶다. 자신의 경험에 의미를 부여하게 해주고 싶다. 나의 이야기를 세상에 알리자! BTS UN 연설문을 entry event로 보여주고 동기부여! 자신만의 핵심 메시지를 담아서 자신의 이야기를 TED Talks 형태로 발표
학습 내용 (학습 목표, 성취 기준과 연계)	과거 시제, 미래 시제 활용(자신의 경험, 앞으로의 다짐) 프레젠테이션 스킬(자세, 목소리 톤 등) 빌보드차트 역사 조사, 테드에 대해 알아보기, UN이 하는 일 알아보기 내가 추구하는 가치에 대해 생각해보기

탐구 질문 또는 과제 제시 상황	최근 BTS 멤버 RM이 UN에서 'Speak Yourself. Love Yourself' 연설을 했습니다. 나에게 UN에서 연설할 기회가 생긴다면 나는 어떤 메시지를 전하고 싶은가요? 어떤 이야기를 하고 싶은가요? 어떤 가치를 중요하게 부각시키고 싶은가요?
주요 결과물 및 공개 대상	내가 전하고 싶은 메시지 타이포그래피로 나타내기 프레젠테이션 자료, 발표 스크립트 프레젠테이션 촬영 후 온라인에 업로드. 외국인에게 피드백 받기

GRASPS 모형 활용 프로젝트 수업 설계

GRASPS모델

Wiggins와 McTighe(2005)는 백워드 설계 속에서 수행과제를 GRASPS 요소로 진술하였다. GRASPS란 G(Goal 목표), R(Role 역할), A(Audience 청중), S(Situation 상황), P(Product 산출물), S(Standards 준거)의 약자로, 수행 과제를 위한 과제 요소로 학생들은 명확한 수행 목표를 제공받을 수 있다. 구체적인 상황에서 특정한 청중을 대상으로 자신의 역할을 함으로써 교육과정 기준에 도달했음을 입증하게 하는 수행평가 설계 방법이다. GRASPS 모델은 프로젝트 설계 3단계 중 기본 틀 잡기 단계와 거의 일치하므로 이 모형은 프로젝트 과제 선정에도 활용될 수 있다. 프로젝트 설계 단계와 마찬가지로 GRASPS 모델 수행평가 과제 개발 시 유념할 점은 학생들의 실제 삶 혹은 이와 유사한 상황을 설정한 상황에서 학생 주도적으로 지식과 기능, 태도와 가치를 구현하게 하는 것이다.

GRASPS 서술 예시

프로젝트 주제 (수행평가 주제)	우리나라 명소 추천 이메일 쓰기
평가 목표(G)	여러분의 목표는 우리나라의 명소를 소개하는 이메일을 쓰는 것이다.
학생 역할(R)	여러분의 역할은 영어 회화 시간에 외국인 선생님과 다양한 영어 표현에 대해 공부한 중학교 학생이다.
청중(A)	여러분의 고객은 남아프리카에서 오신 영어 회화 선생님이다.
상황(S)	우리 학교 원어민 선생님의 가족이 남아프리카에서 겨울방학 때 한국을 방문할 예정이다. 원어민 선생님은 한국을 처음 방문하는 가족과 함께 한국의 구석구석을 여행하고 싶어 한다. 원어민 선생님은 여러분이 한국에서 방문할 만한 장소를 추천하는 이메일을 써주길 바라고 있다.
결과물(P)	▶ 우리나라 여행지를 소개하는 이메일 쓰기(100단어 이상) ▶ 여행지 안내 리플릿(종이 리플릿 또는 북크리에이터로 이북으로 제작) : 쓰기 평가에는 미반영, 과목별 교과 세부능력 및 특기사항 기재
평가 준거(S)	▶ 내용: 조건에서 제시한 필수정보(여행지 정보, 위치 및 가는 방법, 랜드마크 및 즐길 거리, 맛집 등)를 포함하고 있는가? ▶ 글의 형식과 구조: 이메일 형식에 맞는가? 글의 흐름이 자연스러운가? ▶ 언어 사용: 어휘와 어법 사용에 오류가 없는 완전한 문장을 구사하는가? 다양한 어휘 및 문장구조를 활용하여 정보를 전달하는가?

※ 대구광역시교육청 수업 리더 양성 연수 자료를 참고하여 저자가 작성한 예시

GRASPS에 근거한 채점기준 샘플

평가 요소 (배점)	점수	채점 기준
글의 형식과 구조 (30)	30	요구되는 양식과 주어진 조건에 맞는 글의 구조와 형식을 완전하게 갖추며, 글의 흐름이 자연스러움.
	25	요구되는 양식과 주어진 조건에 맞는 글의 구조와 형식을 완전하게 충족하지는 못하나 글의 흐름은 비교적 자연스러움.
	20	요구되는 양식과 주어진 조건에 맞는 글의 구조와 형식을 일부 충족하나, 글의 흐름이 자연스럽지 않아 내용 전달에 어려움이 있음.
	15	요구되는 양식과 주어진 조건에 맞는 글의 구조와 형식을 거의 사용하지 않고, 오류가 많음.
내용 (30)	30	모든 내용이 주제와 부합하고 요구하는 필수정보를 모두 포함하였으며, 분명한 주제와 주제에 관한 타당한 설명 및 충분한 세부사항을 논리적으로 제시하여 내용에 깊이가 있음.
	25	주제에 부합하는 필수정보를 모두 포함하였으며 주제 관련 설명과 세부사항이 비교적 충분히 제시됨.
	20	주제와 부합하는 필수정보의 일부만을 포함하였거나 관련 설명 및 세부사항을 제한적으로 제시함.
	15	주제와 관련된 정보의 양과 관련 설명 및 세부 사항을 매우 제한적으로 제시함.
언어 사용 (40)	40	적절하고 다양한 어휘를 사용하였으며 다양한 문법구조를 사용하여 내용 전달력을 높임. 언어를 상당히 정확히 사용하며 사소한 문법 오류가 있으나 의사소통에 방해가 되지 않음. 글의 대상과 목적, 상황에 맞는 언어와 어조를 사용함.
	30	비교적 적절한 어휘를 사용하며, 기본 문법구조의 사용이 주를 이룬 가운데 복잡한 문법구조의 사용을 시도하기도 함. 기본 구조는 대체로 정확하게 사용하나, 복잡한 구조에서는 의사소통을 방해하는 오류가 보임.
	20	어느 정도 적절한 어휘를 사용하며, 기본적인 문법구조를 주로 사용함. 어휘 및 어법상의 오류로 인해 내용 전달에 다소 어려움이 있음.
	10	조건에서 제시한 언어 형식을 전혀 사용하지 않고, 어휘와 언어 사용에 오류가 매우 많으며 대부분 불완전한 문장으로 구성됨.

※ 대구광역시교육청 수업 리더 양성 연수자료를 참고하여
저자가 작성한 채점 기준 예시

1
짝을 위한
지갑 만들기

? 탐구

◎ 왜 이 프로젝트를 시작했나구요?

학생들이 디자인씽킹 절차를 기반으로 한 프로젝트 수업 절차에 익숙해지도록 미니 프로젝트로 계획해 보았다. 매번 설명식으로만 수업하다가 어느 날 갑자기 프로젝트 수업을 하겠다고 학생들에게 의견을 제시하고 자신의 생각을 표현하라고 하면 아이들은 어떤 반응을 보일까? 입을 다문 학생들의 모습에 교사가 좌절할 필요는 없다. 학생들도 교사도 프로젝트 수업에 익숙해지기 위해서는 연습이 필요하다. 프로젝트 주제의 심오함, 결과물의 화려함이나 완성도를 떠나 자신의 이야기를 자연스럽게 할 수 있는 분위기를 만드는 것이 중요하다. 비단 프로젝트 진행 과정뿐 아니라 평상시 수업에서도 짝 활동이나 모둠활동을 활성화해야 한다고 생각한다. 이런 단기 프로젝트를 하면서 비평이나 개선 절차를 학생들이 연습할 수 있다. 이번 활동을 통해 학생들이 의견을 주고받는 법, 그리고 피드백을 이용해 자신의 작품을 개선하는 방법을 배우고 익숙해져서 다음 프로젝트를 진행하는데 도움이 될 거라 믿는다.

1. 공감하기(Empathize): 주로 인터뷰, (직접) 체험, 관찰하기 등의 방법 사용

2. 문제 정의하기(Define): 우리가 해결해야 할 문제가 무엇인지 정하기

3. 아이디어 내기: 문제 해결책 브레인스토밍

4. 프로토타입(시제품) 만들기(Prototype): 해결책 시각화. 간단하게 빠르게 만들기가 관건.

5. 테스트하기(Test): 고객의 니즈를 만족시키는지 테스트 후 부족한 부분은 수정 보완한다. 문제 정의 단계부터 다시 시작되는 경우도 있다.

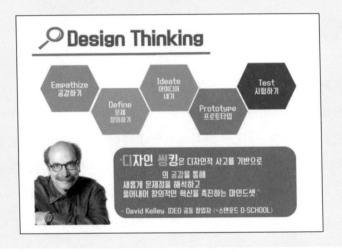

출처: 커뮤니코 임세은 대표 강의 자료 참고

◎ **프로젝트 수업 개요**

1. 2022 개정 교육과정 성취 기준

[9영02−03] 친숙한 주제에 관해 사실적 정보를 설명한다.

[9영02−10] 적절한 전략을 활용하여 상황이나 목적에 맞게 말하거나 쓴다.

[9영02−11] 상대방을 배려하는 태도로 말하거나 쓴다.

2. 프로젝트 수업에서의 탐구 질문:

· 짝(고객)이 어떤 취향을 가졌는지 어떻게 알아낼 수 있을까요?

· 여러분은 어떤 형태의 지갑을 좋아하나요?

3. 수행과제(GRASPS 모델)

· Goal(평가 목표) : 짝과의 인터뷰를 바탕으로 짝을 위한 지갑을 디자인 할 수 있다.

· Role(역할) : 학생 자기 자신

· Audience(청중/대상) : 동료 학생, 선생님

· Situation(문제 상황) : 디자인씽킹 절차(공감하기–문제 정의하기–아이디어 내기–프로토타입(시제품) 만들기–테스트하기)에 따라 짝을 위한 지갑 만들 기를 하겠습니다. 이번 미니 프로젝트는 다음 프로젝트를 진행하기 위한 연습 단계입니다. 의견을 주고받는 법, 그리고 피드백을 이용하 여 자신의 작품을 개선하는 방법을 배우게 되기를 바랍니다.

· Product(결과물) : 짝을 위해 제작하고 싶은 지갑 도안

· Standards(평가 요소): 자기평가(성찰일지), 동료평가(동료평가지), 교사 관 찰평가

💡 실행

짝을 위한 지갑 만들기 프로젝트는 1~2차시로 계획하여 진행해 볼 수 있다. 필자의 경우 한 차시로 진행했으나 인터뷰 시간, 프로토타입 만들 기, 성찰 나누기 등에 시간을 여유 있게 배정하려면 2차시로 구성하여

진행하는 것을 추천한다. 디자인씽킹 절차에 따른 짝을 위한 지갑 만들기 진행 과정은 다음과 같다.

① 짝(고객)의 특성(니즈) 파악하기: 짝이 원하는 지갑이 어떤 형태인지 짝의 성향 등을 파악한다.
② 인터뷰 후 짝을 위해 어떤 지갑이 필요할지 정한다.
③ 인터뷰 내용을 바탕으로 짝을 위해서 어떤 디자인의 지갑이 필요할지 생각을 정리한 후 디자인할 지갑 모형을 스케치한다.
④ 프로토타입 만들기: 프로토타입 만들기는 '싸고 빠르게'가 관건이므로 예쁘고 완벽하게 만들기보다는 아이디어만 잘 드러나면 된다는 것을 강조한다. 이면지, 쓰다 남은 포스트 잇 등을 나눠 주고 제한된 시간 안에 만들도록 안내했다. 다행히 학생들이 짧은 시간 안에도 자신의 아이디어가 드러나게 표현을 잘 해냈다.
⑤ 테스트하기: 자신이 만든 지갑을 짝이 마음에 들어하는지 확인한다. 시간 여유가 있다면 짝의 피드백을 바탕으로 프로토타입을 발전시켜 지갑을 수정해 보도록 한다.
⑥ 디자인씽킹 절차에 대한 디브리핑: 프로젝트 시작 단계에서 디자인씽킹 용어나 절차 등을 안내하면 학생들이 새로운 용어나 절차에 지레 겁먹고 어려워할 수 있어 모든 체험 과정이 끝난 후 '우리가 오늘 했던 프로젝트는 디자인씽킹 절차를 따랐으며, 앞으로 이 절차에 따라 학년 프로젝트 수업을 진행할 예정'이라고 안내했다.

성찰

한두 차시 안에 마무리되는 간단한 프로젝트지만 긴 호흡으로 진행되는 프로젝트 수업에 필요한 절차와 역량 등을 경험해 볼 수 있어 교사나 학생이 프로젝트 수업에 익숙해지는 데 도움이 될 것이다.

짝을 위한 지갑

끈이 달린 지갑

동전, 카드 지갑 구분

◎ 교과 세부능력 및 특기사항 예시

디자인씽킹 절차 체험을 위한 미니 프로젝트에서 제한된 재료를 가지고 짧은 시간 안에 창의적으로 친구를 위한 지갑을 디자인 했고, 친구를 위한 지갑 만들기에 필요한 인터뷰 과정에서 적절한 질문을 하고 그를 통해 친구의 상황에 공감하는 모습을 보임.

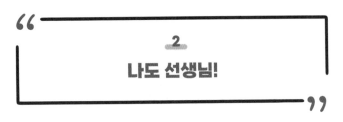

2
나도 선생님!

? 탐구

◎ 왜 이 프로젝트 수업을 시작했냐고요?

2014년부터 거꾸로교실(플립러닝)을 적용하여 수업을 진행했다. 수업 시간 강의를 안 하는 대신 수업 영상을 카페에 미리 올려 학생들이 보고 오도록 하고 미리 보고 오지 않더라도 학생들이 모르는 부분을 수시로 찾아볼 수 있도록 했다. 강의 시간이 그만큼 줄어드니 프로젝트 수업을 위한 차시 확보가 가능하다는 장점이 있었다. 거꾸로교실을 조금 더 발전시켜 거꾸로교실 수업 자체를 프로젝트 수업으로 구성해보게 되었다. 교사가 디딤영상을 찍는 대신 학생들이 직접 디딤영상을 찍는다는 설정인데 설명 준비 자체를 수업 시간에 프로젝트로 진행한 것이다. 학생들이 자신이 맡은 부분을 서로 설명하면서 배움이 깊어질 수 있도록 수업을 설계하였다. 2인 한 모둠로 자신들이 맡은 본문 내용이나 문법 내용을 설명할 자료를 만드는 과정에서 내용을 한 번 익히게 되고, 둘 가고 둘 남기로 내용을 설명하면서 한 번 더 익히게 되고, 디딤영상을 학생들이 직접 찍어봄으로써 내용을 한 번 더 익히게 되어 내용을 내재화하는

데 도움이 되었다. 프로젝트 수업을 처음 접하는 교사나 학생들이 큰 부담 없이 적용할 수 있는 프로젝트다.

◎ 프로젝트 수업 개요

1. 2022 개정 교육과정 성취 기준

[9영02-03] 친숙한 주제에 관해 사실적 정보를 설명한다.

[9영02-10] 적절한 전략을 활용하여 상황이나 목적에 맞게 말하거나 쓴다.

2. 프로젝트 수업에서의 탐구 질문

어떻게 하면 친구들에게 교과서 내용을 쉽고 재미있게 가르칠 수 있을까?

3. 수행과제(GRASPS 모델)

· Goal(평가 목표) : 교과서 내용을 요약하여 자료를 만들고 친구들에게 설명할 수 있다.

· Role(역할): 학생 자기 자신

· Audience(청중/대상): 동료 학생, 선생님

· Situation(문제 상황): '학습 피라미드(Learning Pyramid)'에 따르면 가르치기>실제 해보기>집단 토의>시범강의 보기>시청각 수업 듣기>독서>강의 듣기 순으로 학습 효과가 높다고 합니다. 가장 효과가 높은 학습 방법은 다른 사람 가르치기입니다. 여러분이 선생님이 되어 직접 자료를 만들고 친구들을 가르쳐 봅시다.

· Product(결과물): 자신이 맡은 내용을 설명하는 자료

단기 프로젝트 수업 (5차시 이내)

· Standards(평가 요소): 자기평가(성찰일지), 동료평가(동료평가지), 교사 관찰평가

실행

'나도 선생님' 진행 과정

1차시

과제수행계획서 학생 작성 예시

 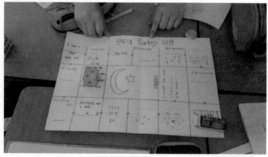

학생들이 만든 설명용 자료 예시

· 모둠별로 맡을 본문 및 문법 파트 정하기: 제비뽑기로 랜덤으로 정할

수도 있고 교사가 지정할 수도 있다.

· 과제수행계획서 작성하기: 어떤 방식으로 설명 자료를 만들지 아이
  디어 회의

2차시

· 1차시에 나온 아이디어대로 자신이 맡은 부분의 설명 자료를 짝끼
  리 만들기: 스스로의 힘으로 자료를 만들기 힘들어하는 경우 교사가
  강의에 쓸 내용을 제공할 수도 있다. 교사가 미리 찍어둔 디딤영상을
  참고하여 공부하고 정리하도록 할 수도 있다.

3차시

· 둘 남고 둘 가기로 내용 서로 가르치기
· 각 모둠에서 두 명은 자신의 모둠에 남아 설명을 하고 나머지 두 명
  은 다른 모둠로 가서 설명을 듣고 오는 방식으로 진행한다.
· 설명을 듣는 사람은 설명자를 평가한다. 이때 평가는 점수를 부여하
  기 위한 것이라기보다는 설명에 집중하도록 하기 위한 장치이다.

수업 중 설명하는 장면

학생들이 디딤영상 촬영하는 중

4차시

· 3차시에 설명을 들은 사람과 설명을 한 사람의 역할을 바꾸어 같은 방법으로 진행한다. 둘 가고 둘 남기 활동으로 같은 내용을 여러 번 설명하면서 내용을 체화하는 효과가 있다.

5차시

· 학생들이 4차시까지 진행한 설명 자료를 활용해 선생님이 만드는 설명영상처럼 직접 디딤영상을 찍어 카페에 올리도록 한다.
· 학생들이 디딤영상을 촬영하는 과정에서 교사 역할을 체험하게 된다.

✏ **성찰**

기대효과

· 설명 자료 만들기, 설명하기, 디딤영상 제작 등을 통해 학생들이 학습할 내용을 체화하고 공부하는 방법을 익히는 등 주도적인 역할을 하며 다양한 역량을 기를 수 있다.
· 학생들이 수업 시간에 수업자료를 준비하고 서로 교사−학생이 되어 가르치는 활동을 해보면서 자신감을 키울 수 있다. 학생들이 찍은 영상을 디딤영상으로 활용하면서 주인의식을 키울 수 있다.

학생들이 찍은 디딤영상

◎ 학생 성찰 모음

　동료평가를 할 때는 반드시 학생들이 어떤 면에 초점을 두고 평가해
야 할지 기준을 제시하도록 한다. 설명을 들으면서 어떤 내용을 배웠는
지 정리하게 한다. 또 듣는 태도가 가장 좋았던 친구, 설명을 가장 잘한
친구에 대해서도 정리를 함으로써 가르치고 배울 때의 자세에 대해서도
학생들이 생각해볼 수 있도록 하였다. 이런 동료평가 과정에서 학생들
의 비판적 사고력을 키울 수 있을 뿐만 아니라 결과물 만드는 과정에 소
홀하게 참여했던 학생들도 수업에 참여할 수 있는 기회를 한 번 더 줌으
로써 주도성을 이끌어낼 수 있다.

김○○: 생각보다 단어와 문법이 어렵다고 느꼈다. 직접 발표 자료를 만
들어보니까 개념 등 단어들을 더 잘 이해하고 공부할 수 있었다. 어떻게
하면 한눈에 잘 알아보게 만들 수 있을까 고민하면서 단어들(우리 모둠 주
제)을 많이 들여다보고 분석할 수 있어서 좋았고 머리에 잘 들어왔다. 설
명을 들으면서도 어려웠던 건 현재분사와 의미상 주어, 3단 변화였다.
더 많이 공부해야겠다고 느꼈다.
설명을 가장 잘 한 사람은 이○○이다. 설명을 귀에 잘 들어오게 해줘서
이해가 잘 되었고 자료도 알아보기 쉬웠다. 설명을 듣는 자세가 가장 좋
았던 사람은 김○○이다. 설명하는 것을 열심히 들으면서 문제도 잘 풀
고 질문도 적극적으로 했기 때문이다.

백○○: 설명을 직접 하기 위해 공부하는 과정에서 내가 맡은 부분에 대
해 평소보다 잘 습득했다. 직접 설명을 하면 할수록 지식이 확실해지고
내 것이 되는 것 같았다. 하지만 다른 친구들의 설명을 들을 때 친구들이

의도하는 바가 이해가 가지 않는 부분들도 있어 아쉬웠다. 설명의 의도를 나타내는 것과 공부하기 위해 필요한 학습지를 만든다는 게 이 정도로 어려운지는 몰랐는데 정말 선생님의 힘듦도 아주 조금은 이해가 갔다. 학습지를 정말 소중히 하고 잃어버리지 않아야겠다는 생각이 많이 들었다. 수업도 열심히 들어야겠다는 생각도 했다. 실질적인 수업을 듣기 전 이런 식으로 친구들에게 같은 눈높이로 들어보니 좋았고 수업할 때 지금부터는 더 이해가 잘 될 것 같다.

편○○: 나도 선생님 활동을 하며 교재를 만들며 1차적으로 공부하게 되고, 2차적으로 설명하면서 더 잘 알게 되고, 3차로 설명을 들으며 1과에 대한 내용을 어느 정도 알게 된 것 같다. 본문을 계속 설명하다 보니 본문을 거의 다 외웠다.

◎ 활동지 다운로드 경로

3

보드게임 만들기

🔎 탐구

◎ 왜 이 프로젝트 수업을 시작했냐고요?

다양한 역량을 길러주는 프로젝트 수업을 기획하다 보면, 자칫 소위 말하는 영어의 네 가지 스킬(듣기, 말하기, 읽기, 쓰기)을 제대로 길러주는 수업을 하고 있는가 하는 회의가 들기도 한다. 교과서 내용을 다루면서도 학생들의 다양한 역량을 길러줄 수 있는 프로젝트를 고안할 수는 없을까 고민하던 중 문법 활용 보드게임 만들기 프로젝트를 기획하게 되었다. 한 학기 동안 다룰 문법 내용을 크게 여섯 가지로 나누어 각 모둠에서 하나의 문법 포인트를 맡아 내용을 정리하고 그 내용을 활용하여 보드게임을 제작하도록 하였다. 보드게임을 만드는 과정에서 창의력, 주도성, 공감 능력 등이 길러짐과 동시에 공유하는 과정에서 여러 번 반복해서 내용을 설명하면서 영어 문법 또한 자신의 것으로 만들 수 있는 기회가 될 거라 기대했다. 또한 기존에 사용하던 과제수행계획서를 변형하여 디자인씽킹 절차를 따른 과제수행계획서를 활용하였는데 이 과정에서 학생들의 공감과 아이디어 도출 과정을 더 체계적으로 끌어낼 수 있었다. 보드게임이라는 소재 자체가 아이들의 흥미를 유발할 수 있어서 학생들의 적극적인 참여도 끌어낼 수 있었다.

◎ 프로젝트 수업 개요

1. 2022 개정 교육과정 성취 기준

[9영02-03] 친숙한 주제에 관해 사실적 정보를 설명한다.

[9영02-10] 적절한 전략을 활용하여 상황이나 목적에 맞게 말하거나
쓴다.

2. 프로젝트 수업에서의 탐구 질문

어떻게 하면 친구들에게 영어 문법을 쉽고 재미있게 가르칠 수 있을까?

3. 수행과제(GRASPS 모델)

· Goal(평가 목표): 영어 문법을 익힐 수 있는 보드게임 만들기

· Role(역할): 학생 자신

· Audience(청중/대상): 영어 문법을 어려워하고 싫어하는 친구들, 교사

· Situation(문제 상황): 영어 문법 공부를 힘들어하는 친구들이 많습니다. 친구들이 영어 문법을 쉽고 재미있게 공부하기 위한 보드게임을 만들고 이를 활용해 문법을 가르쳐 봅시다.

· Product(결과물): 영어 문법을 익힐 수 있는 보드게임

· Standards(평가 요소)

평정심 영역 / 평가요소	평가 준거 A	B	C
	평가 준거		
	A	B	C
문법 활용 보드게임 만들기 프로젝트 과제수행 계획의 적절성	프로젝트를 수행하기 위한 역할 분담, 자료 조사, 문제해결책 모색 등의 계획을 체계적으로 잘 세움.	프로젝트를 수행하기 위한 역할 분담, 자료 조사, 문제해결책 모색 등의 계획을 비교적 체계적으로 세움.	프로젝트를 수행하기 위한 역할 분담, 자료 조사, 문제해결책 모색 등의 계획 수립이 미흡함.
내용의 적절성 및 충실성	주제에 대한 이해가 충분하고, 주어진 핵심 표현 이외에 자신만의 표현을 적절히 사용하여 내용이 매우 충실함.	주제에 대해 이해하고 있고, 주어진 표현을 사용하여 내용이 충실한 편임.	주제에 대한 이해가 부족하고, 주어진 표현의 사용에 부적절한 면이 있음.
언어 사용	어휘 및 표현이 적절하고, 완성된 문장을 사용하며 오류가 거의 없음.	어휘 및 표현이 대체로 적절하고, 완성된 문장을 대부분 사용하며 약간의 오류가 있음.	언어 사용의 오류가 많아 내용을 전달하는데 다소 어려움이 있음.
자료제시 방법	주제와 내용을 표현하는 자료 제시 방법이 창의적이고 명료함.	주제와 내용을 표현하는 자료 제시 방법이 이해 가능하고 대체로 창의적인 편임.	주제와 내용을 표현하는 자료 제시 방법이 무난하고 명료하지 않아 전달력이 떨어짐.
자기평가 및 동료평가	자기평가를 위한 성찰일지를 성실하게 작성하고, 모둠 기여도가 높다는 동료평가를 받음.	자기평가를 위한 성찰일지를 작성하고, 모둠 기여도가 비교적 높다는 동료평가를 받음.	자기평가를 위한 성찰일지 작성이 미흡하고, 모둠 기여도가 낮다는 동료평가를 받음.

중기 프로젝트 수업 (8차시 이내)

실행

◎ 프로젝트 수업 절차

1차시 **모둠별 주제 정하기 및 과제수행계획서 작성하기**

· 프로젝트 주제 제시

· 제비뽑기로 모둠별로 설명해야 할 문법 정하기

· 디자인씽킹 절차에 따라 과제수행계획서 작성하기

· 친구들이 어떤 보드게임을 좋아하고 문법을 공부하는 데 어떤 어려움이 있는지 등에 대해 공감 인터뷰를 이용하여 과제수행계획서를 작성하게 했다. 인터뷰 과정에서 친구들이 어떤 보드게임을 선호하는지 알 수 있었다. 이 설문 결과를 반영하여 보드게임 형태보다는 카드 게임 형태의 결과물이 많이 나왔다.

친구들에게 영어 문법, 보드게임에 대해 인터뷰하는 장면: 문법은 어렵고 싫다는 응답이 90% 이상이었고, 보드게임 형태 보다는 카드 게임의 선호도가 높게 나왔다.

2차시 **자료조사하기**

· 공감 인터뷰 성찰일지 작성하기

· 우리 모둠에서 맡은 문법 공부하기 (선생님이 나눠준 자료나 영상 활용하기)

3차시 보드게임 구조도(프로토타입) 만들기

· 보드게임에 들어갈 문제 만들어 선생님께 피드백 받기: 다른 모둠에게 문법을 가르쳐야 하므로 문제나 답이 잘못될 경우 오개념이 생길 수 있다. 다른 단계에서는 학생들의 자율성을 허용하더라도 이 단계에서 모든 학생들이 자신이 낸 문제에 대해 명확하게 설명할 수 있도록 교사가 적극 개입하였다.

4~5차시 보드게임 제작하기

· 이 단계에서 예상보다 시간이 많이 걸렸다. 미술이나 기술 교과와 협업하여 만들기 단계는 타 교과에서 진행한다면 보다 효율적으로 시간을 활용할 수 있을 것이다.

보드게임 제작 장면: 결과물의 퀄리티를 높이기 위해 몰입하는 학생들. 제작에 시간이 많이 걸리기는 하지만 학생들의 주도성을 끌어내기에 시간을 투자할 만한 가치 있는 단계이다.

보드게임 결과물 예시

6~7차시 보드게임 공유하기

· 각 모둠에 두 명은 남아서 설명하고 나머지 두 명은 다른 모둠로 이
  동해서 설명을 듣는다. 예를 들어, 한 모둠은 2-3-4-5-6-1 순으
  로 이동한다.

· 동료평가지에 다른 모둠 보드게임에 대한 피드백을 적는다.

· 동료평가하기 2 라운드: 지난 시간에 이동했던 학생들이 이번에는
  설명하는 역할을 수행한다.

보드게임 공유 및 동료평가지 작성 장면

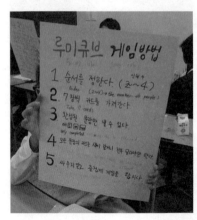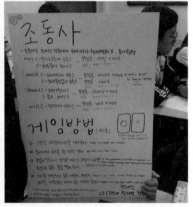

보드게임 공유 장면

◎ 교과 세부능력 및 특기사항

'문법 활용 보드게임 만들기 프로젝트' 중 프로토타입 만들기 단계에서 보드게임 구조도를 비주얼씽킹 시각언어를 활용하여 잘 표현하였으며 매시간 수업 활동 후 성찰일지를 간략하게 적는 러닝로그 쓰기를 꾸준하게 실천하여 자기 관리능력 및 정보 처리능력을 기름.

'문법 활용 보드게임 만들기 프로젝트' 과정에서 동료 간 인터뷰를 통해 공감 능력을 보여주었으며, 보드게임 제작 과정에서 창의적인 아이디어를 제공하여 모둠이 수준 높은 결과물을 완성하는데 크게 기여함.

'문법 활용 보드게임 만들기 프로젝트'에서 자신이 맡은 문법 요소를 보기 좋게 잘 정리하였으며 친구들이 알아듣기 쉽게 설명하여 친구들의 호응을 얻음.

'문법 활용 보드게임 만들기 프로젝트'에서 자신이 설명해야 할 문법 요소를 성실하게 공부하여 보기 좋게 정리하였으며 친구의 설명에 경청하는 모습을 보임.

중기 프로젝트 수업
(8차시 이내)

성찰

◎ 교사 소감

보드게임이라는 요소 자체가 프로젝트 시작 단계에서부터 학생들이 의욕적으로 프로젝트에 참여하게 하는 계기가 되었다고 본다. 보드게임 제작에 예상보다 시간이 많이 걸렸는데 시간을 허비한다기보다는 아이들이 디테일한 부분까지 신경 써서 만드는 것을 보고 '하고 싶어서 하는 일에는 최선을 다하는구나'라는 생각이 들었다. 공감하기 단계에서 친구들을 인터뷰해서 나온 결과를 바탕으로 보드 게임보다는 카드 게임을 만든 모둠이 많아진 것이 인상적이었다. 공감하기 단계의 중요성을 실감할 수 있었다. 시간 안에 모든 걸 마치려고 하다 보니 보드게임 만드는 시간도, 나누는 시간도 넉넉하지 못했다는 아쉬움이 남기도 한다. 같은 내용을 여러 번 설명하면서 설명에 점점 자신감을 가지게 되는 아이들을 보며 '둘 가고 둘 남기' 활동이 학생들에게 큰 도움이 됨을 확인할 수 있었다. 친구들의 설명을 재미있어하고 잘 받아들이는 학생들을 보며 모둠 활동의 필요성, 또래 배움의 힘을 다시 한번 깨닫게 되었다.

◎ 학생 소감

김○○: 평소 즐겨하던 게임을 직접 만들고 함으로써 아이들과의 협동심을 기를 수 있었다. 영어에 대해 잘 알지 못하는 친구를 가르치고 같이 게임하면서 뿌듯함을 느낄뿐더러 우정도 기를 수 있었다. 창의적인 게임을 하다 보니 내 것 중 불편한 것과 잘못한 점이 새록새록 떠오르며 부족함을 많이 느꼈고 그로 인해 한 발짝 더 다가가 발전할 수 있는 계기가 되는 것 같다. 앞으로도 이런 과제가 있다면 그 어떤 힘든 과제더라도 배운 걸 통해 술술 해결해 나갈 수 있을 듯한 느낌이 든다.

최○○: 사실 2학기 때 교과서에 나오는 문법에 대해선 잘 알지 못했다. 모두 한 번쯤은 들어봤지만 정확히는 알지 못해서 내가 좋아하는 보드게임과 접목한다는 생각에 기대가 되었고 설렜다. 보드게임을 만드는 과정에서 모둠원간의 협력이 잘 되었고 의견이 많이 나와 수월하게 진행되어 굉장히 재미있었다. 또 친구들과 돌아가며 설명하고 듣는 과정에서도 몰랐던 문법에 대해 게임으로 쉽게 알 수 있어 좋았다. 그러나 의외로 시간이 모자라서 아쉬웠다. 왜냐하면 설명을 해야 게임 진행이 가능한데 자세히 알려주다 보니 설명 시간이 늘어졌기 때문이다. 그래서 다음에 이것과 비슷한 활동을 하면 좀 더 부족한 점을 보완하고 싶고, 실생활에서도 잘 모르는 것이 있을 때 꼭 보드게임이 아니더라도 카드 게임 등과 같은 방법을 사용한다면 훨씬 재밌고 이해가 잘 될 것 같다는 생각에 활용해보고 싶었다.

신○○: 접속사 that절에 대해 알게 되었고, 접속사 that절을 배워 문제를 만들 수 있게 되었다. 그리고 다른 모둠을 돌아보니 창의적인 게임이 많았던 것 같다. 또 친구들에게 설명을 들으니 재미있어서 이해하기가 쉬웠던 것 같다. 모둠원들과 이 활동을 하니 모둠원들과의 협력도 기를 수 있었고 많은 문법들을 알게 되었고 결과물이 잘 만들어져서 뿌듯하였다. 다음에도 이 활동을 해보고 싶다.

◎ **활동지 다운로드 경로**

중기 프로젝트 수업 (8차시 이내)

4
Love yourself
: BTS 유엔 연설문 쓰기

🔍 탐구

◎ 왜 이 프로젝트 수업을 시작했냐고요?

자신이 전하고자 하는 메시지를 담아 연설문을 쓰고 시연해 보는 프로젝트이다. 학생들이 자신이 가치 있는 존재라는 것, 무언가를 하기에 이미 충분한 존재라는 것을 깨달아 주어진 일에 의욕적으로 참여하기를 바라는 마음에서 이 수업을 디자인하게 되었다. '우리는 경험에서 배우지 않는다. 우리는 경험에 대한 성찰로부터 배운다'라고 듀이가 말했듯이, 학생들이 지금까지 살아오면서 자신이 한 경험을 돌아보고 의미를 부여하여 긍정적인 시각으로 세상을 살아가기를 바란다.

BTS UN 연설문의 핵심 메시지가 마침 평소 본인이 학생들에게 전하고자 하는 메시지와 통하는 면이 있고 아이돌의 입을 통해 그것도 영어로 된 연설문을 통해 그 메시지를 전달함으로써 학생들에게 영어에 대한 흥미 유발 효과를 기대한다. 또한 자신의 이야기를 대중에게 표현하는 경험을 통해 학생들이 성취감을 느낄 것을 기대한다. 동료나 교사의 피드백 외에 영어를 사용하는 실제 청중에게서 피드백을 받음으로써 영어 실력 향상뿐만 아니라 실생활에서 영어 사용에 대해서도 자신감을 가지게 되기를 바란다. 자기 자신에 대한 이야기, 학생들이 좋아하는 대상을 주제로 채택함으로써 학생들의 참여도를 높일 수 있을 것으로 예상했다.

◎ **프로젝트 수업 개요**

1. 2022 개정 교육과정 성취 기준

[9영01-06] 친숙한 주제에 관한 담화나 글에서 화자나 필자의 의도나 목적을 추론한다.

[9영01-08] 적절한 전략을 활용하여 다양한 매체로 표현된 담화나 글을 듣거나 읽는다.

[9영01-09] 다양한 관점을 존중하는 태도로 듣거나 읽는다.

[9영02-04] 친숙한 주제에 관해 경험이나 계획을 설명한다.

[9영02-06] 친숙한 주제에 관해 자신의 의견을 주장한다.

2. 프로젝트 수업에서의 탐구 질문

최근 BTS(방탄소년단) 멤버 RM이 UN에서 'Speak Yourself. Love Yourself' 연설을 했습니다. UN에서 연설할 기회가 생긴다면 여러분은 어떤 메시지를 전하고 싶나요?

3. 수행과제(GRASPS 모델)

· Goal(평가 목표): 연설문의 요지를 파악하고 자신의 삶에 적용하여 핵심 메시지를 담은 연설문을 작성할 수 있다.

· Role(역할): 학생 자기 자신

· Audience(청중/대상): 동료 학생, 교사, 부모님, 원어민 영어 교사, 전 세계 사람들

· Situation(문제 상황): 최근 BTS(방탄소년단) 멤버 RM이 UN에서 'Speak Yourself, Love Yourself' 연설을 했습니다. 여러분에게 UN에서 연설할 기회가 생긴다는 가정하에 어떤 메시지를 전하고 싶은지 정리해 봅시다.

· Product(결과물): 학생들은 100단어 이상의 연설문을 작성하고 발표한다.

· Standards(평가 요소)

채점 기준표-쓰기

평가 요소	평가 준거		
	상	중	하
내용 및 구성	주제와 관련된 필수 정보를 모두 포함하였으며, 관련 설명이 충분함	주제와 관련된 필수 정보를 일부 포함하였거나 관련 설명이 다소 부족함	주제와 관련된 필수 정보가 거의 없거나 관련 설명이 거의 없음
언어 사용	다양한 어휘와 문장 구조를 구사하였으며, 어법상 오류가 거의 없어 내용 전달에 무리가 없음	비교적 단순한 문장 구조를 사용하였거나, 내용 전달에 약간의 지장을 주는 어법상 오류가 있음	어법상 오류가 많아 내용 파악에 어려움이 있음
과제 완성	요구하는 글의 분량을 충족하고 다양한 표현을 활용하여 과제를 완성함	요구하는 글의 분량을 대체로 충족하고 한정된 표현을 활용하여 과제를 완성함	내용 전달이 거의 되지 않을 정도로 과제 완성도가 떨어짐

채점 기준표 - 말하기

평가요소	평가 준거		
	상	중	하
내용	제시된 내용을 모두 포함하고 관련 설명이 충분함	제시된 내용 중 일부만 포함하거나 관련 설명이 일부에 치우쳐있음	제시된 내용이 거의 포함되어 있지 않거나 관련 설명이 충분하지 않음
언어사용	관련 어휘를 사용하고 문법적 오류가 거의 없어 내용 전달에 무리가 없음	관련 어휘를 사용하고 문법적 오류가 때때로 있으나 내용 전달에 무리가 없음	관련되지 않은 어휘를 때때로 사용하거나 문법적 오류가 많아 내용 이해가 어려움
전달력	적절한 발표력(자세, 제스처, 시선처리, 목소리, 자신감)으로 내용 전달이 용이함	발표력에 있어 내용 전달을 방해하는 요소가 다소 있음	방해가 되는 요소들이 많아 내용 전달이 되지 않음

 실행

◎ 프로젝트 수업 절차

1차시 도입 활동, 탐구 질문 제시, 프로젝트 일정 안내

· BTS 유엔 연설문 영상 시청

· 탐구 질문에 답하기: BTS RM이 UN 연설을 통해 세계 청소년들에게 전달하고 싶은 내용은 무엇이었을까요?

2차시 BTS UN 연설문 탐구하기

· BTS UN 연설문 중 가장 마음에 남는 문장을 골라서 적고 그 이유를 말해 본다.

· 연설문 일부를 자신에게 맞게 바꾸어 작성해 본다.

밑줄 친 문장과 고른 이유를 나누는 어떻게 보면 단순한 활동이었는데 아이들에게나 교사에게 의미가 있는 활동이었다. 많은 학생들이 '나는 아홉 살 때 꿈을 잃기 시작했다. 주변 사람들이 원하는 대답을 하기 시작했다'는 문장을 선택했다. 그 문장을 고른 이유는 물론 그 내용에 공감해서였다. 자신들도 아홉 살 때부터 주변 시선에 신경 쓰기 시작했고, 자신의 한계를 느끼기 시작했다는 것이다. 아들의 일기장을 몰래 훔쳐본 적이 있다. 초등학교 저학년 때 일기장에서 '유치원 때는 꽤 잘 나갔었는데 초등학교 삶은 그리 즐겁지만은 않다'라는 내용을 발견했다. 초등학교 저학년 때는 역사학자에 야구 선수가 되겠다고 전학까지 보내 달라고 하던 아이가 언제부턴가 나중에 커서 뭐가 되고 싶냐고 하면 뭘 해야 할지 모르겠다는 대답을 한다. 내 아이뿐만 아니라 내가 만나고 있는 대부분의 학생들도 비슷한 상황이다. 우리는 언제부터인가 꿈을 잃고 산다. 주변의 시선에 자신을 가두고 스스로 자신을 가둔다. 학생들이 스스로 자신을 가두지 말고 꿈을 향해 나아갔으면 좋겠다.

활동지 마무리 후 영어 알파벳 팔찌 만들기를 진행했다. BTS 리더 RM이 연설문에서 주려고 하는 메시지는 뭘까 생각해보고 자신이 표현하고 싶은 메시지를 알파벳 큐브를 이용해서 만들도록 했다. 학생들이 이 활동을 하면서 메시지를 내재화하는 효과가 있었다고 생각한다. 축하와 성찰의 단계에서 진행해 봐도 좋을 것 같다.

자신이 고른 구절
스피트 데이팅으로 나누기

핵심 구절로 팔찌 만들기

3차시 연설문 내용 구상하고 스크립트 작성하기

연설문 작성 예시

Thank you my class, and all the excellencies and distinguished guests from across the world. My name is Choi sunkyong, also known as the homeroom teacher of 1-3 class at Kyungbuk National University's Middle School. It is an incredible honor to be invited to an occasion with such significance for today's young generation.

I'd like to begin by talking about myself. I was born in Daegu, South Korea. It is a really beautiful place with a lake, hills, and even an annual fashion festival. I spent a very happy childhood there, and I was just an ordinary girl. I used to imagine that I was a pianist who could heal the wounded people through the music.

Maybe I made a mistake yesterday, but yesterday's me is still me. Today, I am who I am with all of my faults and my mistakes. Tomorrow, I might be a tiny bit wiser, and that would be me, too. These faults and mistakes are what I am. I have come to love myself for who I am, for who I was, and for who I hope to become. No matter who we are, where we're from, just speak ourselves. Let's find our name and find our voice by speaking ourselves.

스크립트를 새롭게 작성하는 것도 좋지만, 양질의 연설문을 암송하도록 하는 것도 영어 학습적인 면이나 학생들 인성 지도에 도움이 될 거라는 생각이 들기도 했다.

4차시 동료평가

자기 점검 체크리스트, 동료 점검 체크리스트를 통해 스크립트 수정/보완하기, 교사 피드백

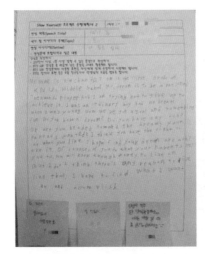
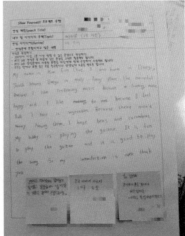

5차시 연설문 연습(짝 점검 및 모둠 점검)

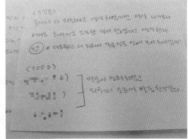

모둠 내에서 돌아가면서 자신의 스크립트 발표 후 상호 피드백

6차시 연설 시연 및 동영상 촬영

7차시 성찰일지 작성하고 공유하기

◎ 교과 세부능력 및 특기사항

연설문을 작성하고 발표하는 활동에서 대체로 정확한 문법 구조를 사용하여 내용을 효율적으로 전달하였으며 정확한 발음과 억양으로 의견을 잘 전달함.

수업 활동을 통해 자신의 어린 시절 경험을 바탕으로 10대들에게 전하고 싶은 메시지를 정리함. 연설문 작성 시 적절한 형식으로 효과적이고 응집력 있게 정보를 조직하고 청중과 목적을 분명하게 이해하여 맥락에 맞게 필요한 정보를 잘 전달함.

✏️ 성찰

◎ 교사 소감

BTS를 소재로 채택한 것만으로도 아이들의 관심을 끌어내기 충분한 프로젝트였다. 전교 회장, 부회장 선거에서 한 학생이 영어 수업 시간에 다루었던 BTS 연설문 형태로 공약을 발표하고 해당 학생이 전교 부회장으로 선정되기도 할 정도로 학생들에게도 BTS 연설문이 이슈가 되기도 했다.

아이들의 생각을 이해할 수 있는 시간이었다. 기회가 된다면 양질의 연설문을 아이들이 암송하게 하는 것도 좋겠다는 생각이 들었다. TED

형태로 발표하는 기회를 실제로 제공하거나 영상 업로드 단계까지 발전시키지 못해 아쉬움도 있다. 언제나 그럴듯하고 완벽한 결과물로 마무리 될 수는 없으니 아이들이 서로 자신의 생각을 나누고 공감하는 기회를 제공했다는 사실에 만족한다.

◎ 학생 소감

권○○: 마음에 와닿는 표현을 고른 후 친구들과 나누는 활동이 매우 인상 깊었다. 친구들의 생각을 듣는 것이 흥미로웠다. RM의 말을 듣고 나서, 나 자신을 더 잘 이해하고, 내 목소리를 내는 것이 중요하다는 것을 깨달았다.

윤○○: 자신의 메시지를 담은 연설문을 쓰는 활동도 매우 의미 있었다. 처음에는 무엇을 써야 할지 막막했지만, BTS의 연설문을 참고하면서 내 생각을 정리할 수 있었다. 나는 "우리는 모두 특별한 존재입니다. 자신을 사랑하고, 다른 사람들과 함께 성장해 나갑시다."라는 메시지를 담았다. 이 활동을 통해 나도 BTS처럼 긍정적인 영향을 줄 수 있는 사람이 되고 싶다는 꿈을 가지게 되었다. 연설문을 쓰면서 나 자신에 대해 더 많이 알게 되었고, 친구들과 더 깊이 소통할 수 있는 계기가 되었다.

◎ 활동지 다운로드 경로

5

우리 문화 소개하기

탐구

◎ 왜 이 프로젝트 수업을 시작했냐고요?

세계 여러 나라에서 특별하게 즐기는 활동을 조사하여 발표하는 활동이 교과서에 실려 있었다. 세계 여러 나라의 문화를 아는 것도 중요하지만 우리나라 문화를 이해하고 소개하는 것도 중요하다고 생각하여 고안한 프로젝트이다. 실제 원어민 선생님에게 우리나라 문화를 소개한다는 상황을 제시하여 학생들이 좀 더 과제에 몰입할 수 있도록 했다. 원어민 선생님 시간에 발표하면서 바로 피드백을 받을 수 있어 동기부여가 많이 된 것 같다.

◎ 프로젝트 수업 개요

1. 2022 개정 교육과정 성취 기준

[9영02-03] 친숙한 주제에 관해 사실적 정보를 설명한다.

[9영02-06] 친숙한 주제에 관해 자신의 의견을 주장한다.

[9영02-10] 적절한 전략을 활용해 상황과 목적에 맞게 말하거나 쓴다.

[9영02-11] 상대방을 배려하는 태도로 말하거나 쓴다.

2. 프로젝트 수업에서의 탐구 질문

· 원어민 선생님(외국인)에게 알리고 싶은 우리나라 문화에는 어떤 것이 있나요?

· 어떻게 하면 외국인에게 우리나라 문화를 효과적으로 알릴 수 있을까요?

3. 수행 과제(GRASPS 모델)

· Goal(평가 목표): 한국 문화를 알리기 위한 프리젠테이션 자료를 만들고 발표할 수 있다.

· Role(역할): 학생 자기 자신

· Audience(청중/대상): 동료 학생, 교사, 원어민 영어 교사

· Situation(문제 상황): 올해 우리 학교에 온 원어민 선생님은 남아프리카 케이프타운 출신입니다. 로즐린 선생님은 평소 여행을 좋아하여 전세계 10여 개국을 여행하였고 우리 학교에 오기 전에는 아부다비에서 학생들에게 영어를 가르쳤습니다. 선생님은 아시아권에 있는 나라에서는 생활해 본 적이 없습니다. 처음 한국에 왔을 때는 서양과는 사뭇 다른 문화적 차이 때문에 많이 당황스럽고 힘들었습니다. 시간이 갈수록 한국인들의 따뜻한 정과 친절함에 매료되어 되도록 오래 한국에 머물고 싶어 합니다. 그러나 여전히 낯선 한국 문화 때문에 선생님은 어려움을 겪고 있습니다. 그래서 수업 시간에 "원어민 선생님을 위한 한국 문화 소개하기"라는 프로젝트를 기획하여 여러분들이 직접 원어민 선생님에게 한국 문화를 소개하는 기회를 가질까 합니다.

· Product(결과물): 우리나라 문화를 알리는 프리젠테이션 자료

· Standards(평가 요소): 4번 프로젝트 말하기 평가 요소와 동일

◎ 교과 융합, 타 교과 적용 아이디어

· 우리 문화에 대해 알아보기: 가정(의식주), 음악(전통음악), 역사, 국어

· 소개할 내용 구상하여 정리하기, 우리 문화 소개하기 글쓰기: 국어

· 한국 전통음식 만들기: 가정

· 원어민 대상 영어 프레젠테이션: 영어

 실행

◎ 프로젝트 수업 절차

1차시 프로젝트 주제 파악하기

· 모둠별로 우리나라 문화 중 어떤 주제를 가지고 자료를 만들지 정한다.

· 모둠별 과제수행계획서 작성 및 모둠원 역할 분담을 한다.

2차시

· 개인별로 조사한 내용 수합

· 파워포인트 전체 흐름 짜기

· 파워포인트 만들 때 고려해야 할 점 등 참고자료 제시(교사)

원어민 교사 앞에서 프레젠테이션 하기 전 발표 연습 장면

원어민에게 질문하며 발표 연습   원어민에게 한국 음식 시식시키는 중

3~4차시 자료 정리하기

· 파워포인트 콘티 짜기: 슬라이드별로 들어갈 내용 정하기

· 개인별 발표 자료 준비 및 연습하기

· 기한까지 파워포인트 파일 교사에게 제출 안내

· 발표 시 시선 처리, 발표 자세 등 발표 요령 안내(교사)

모둠별 파워포인트   동료평가   성찰일지
콘티 예시

5차시 발표하기

원어민 선생님을 대상으로 모둠별 발표 및 동료평가

학생 발표 장면 선생님이 알려준대로 프레젠테이션 때 제스처 등을 구현하려고 노력하는 모습

6차시 평가 및 마무리

· 동료평가 마무리

· 개인별 성찰일지 작성

 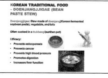 

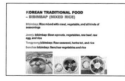  

학생들이 만든 파워포인트 자료 예시

◎ 교과 세부능력 및 특기사항

우리 문화 소개하기에서 대체로 정확한 문법 구조를 사용하여 내용을 효율적으로 전달하였으며 정확한 발음과 억양으로 의견을 잘 전달함.

원어민 교사와 반 친구들에게 우리나라 문화를 소개하는 과정에서 명확한 발음과 억양으로 필요한 정보를 효율적으로 전달하여 청중의 호응을 끌어 냄.

모둠에서 소개할 우리나라 문화 조사하기 활동에서 꼼꼼하게 자료를 정리하는 모습을 보였으며 이 활동을 통해 우리나라 문화에 대한 이해를 높이게 됨. 설명 자료를 효과적으로 시각화하고 발표 시 청중과 눈을 맞추거나 제스처를 사용하는 등 청중의 시선을 끌기 위한 노력을 함.

모둠에서 정한 주제를 조사하는 과정에서 모둠원과 협력하는 모습을 보였으며 발표하기 전 연습하는 단계에서 친구들에게 도움이 될만한 피드백을 주었으며 한복을 입고 오는 등 발표에 대한 준비를 철저히 함.

 성찰

◎ 교사 소감

한복을 입고 온 남학생, 원어민 선생님에게 매운 음식을 먹여 보기 위해 쉬는 시간 매점에 가서 불닭면을 사 온 학생, 원어민 선생님에게 정식 발표 전 모둠에서 열심히 연습하는 모습 등 아이들의 열의를 보며 프로젝트 수업의 힘을 다시 한번 느끼게 되었다. 학교 밖에서 굳이 실제 청중을 찾지 않더라도 원어민 선생님 앞에서 발표를 한다는 설정만으로도 아이들이 이렇게 적극적으로 움직이는 걸 보고 교사가 어떤 환경과 조건을 제시하느냐에 따라 아이들은 얼마든지 주도적으로 움직일 수 있다는 것을 다시 한번 깨닫게 되었다.

◎ 학생 소감

김○○: 가장 인상 깊은 발표를 한 모둠은 2모둠이었다. 청중을 바라보면서 발표했고 발표 자료에 사진과 글을 알기 쉽게 배치해 더욱 이해하기 쉬웠다. 2모둠의 발표를 통해 우리나라의 전통 놀이와 음식 등 문화를 외국인에게 이렇게 소개할 수 있구나 하는 점을 알았고 발표 자료 제작을 다음번엔 저렇게 참고해서 구성해봐야겠다고 생각한다. 처음엔 외국인에게 어떻게 설명해야 할지 어떻게 도입 부분을 시작해야 할지 막막했는데 편하게 설명하면 되겠다고 쉽게 생각하면 되겠다고 다짐하여 순조롭게 일을 진행할 수 있었다. 이번 과제를 통해 발표할 때의 자세, 발표 자료를 어떻게 만들고 설명해야 할지 알았다. 조사하는 과정에서 우리나라 전통음식인 불고기에 대해 더 자세히 몰랐던 부분까지 새롭게 알게 되어 흥미로웠다.

박○○: 4모둠 발표가 가장 좋았다고 생각한다. 김치를 어떻게 만드는지와 우리나라의 소스들이 많다는 것을 알게 되었다. 우리나라의 전통음식이 꽤 많다는 것을 배웠다. 우리 나라에 대해 소개하니까 더 친근했던 것 같고 문법이 맞는지 틀린지 잘 몰라 힘들었지만 만드는 것도 발표하는 것도 재미있었다. 처음에는 로즐린 선생님이 다 알고 계신 듯한 표정이셔서 당황스러웠는데 그래도 여러 명 앞에서 영어로 설명한 경험이 좋았다. 민요가 영어로 뭔지 알았다. 문장을 만들면서 공부할 수 있어 좋았고 단어들도 많이 알게 된 것 같다. 민요를 소개하는 말하기를 한 것이 재미있었다.

◎ 활동지 다운로드 경로

> ## 6
> ## 'This is Me'
> ## 나 소개하기

🔍 탐구

◎ 왜 이 프로젝트 수업을 시작했냐고요?

영어는 도구교과이다. 어떤 원리나 이론을 깊게 연구하는 것이 아니라, 실생활의 주어진 상황에서 어떻게 영어를 잘 활용하느냐가 중요한 것이다. 정해진 문장구조를 반복 훈련하는 것도 중요하지만, 정말 자신이 하고 싶은 말을 표현하고 연습할 기회를 자주 제공하는 것 또한 중요하다고 생각한다. 영어를 단순히 책으로만 배우고 익히는, 현실과는 거리가 있는 교과목이 아닌, 자신의 삶과 밀접한 관련이 있음을 프로젝트 과정을 통해 알게 하고, 학생들의 활동 결과물이 다양한 형태로 공개되고 공유되게 함으로써 과제 수행에 몰입하게 하고, 영어에 대한 성취감을 느끼고 교과에 대한 흥미 또한 유발하고자 한다.

출판사를 막론하고 중학교 1학년 1단원은 '나 소개하기'를 주제로 한 단원이 주를 이룬다. 주제는 같지만 매해 새로운 방법으로 학생들이 자신에 대해 탐색하고 자신을 소개하는 활동을 해오고 있다. 이번 프로젝트에서는 '이게 정말 나일까?'라는 동화책을 읽고 그 내용을 바탕으로 나의

장기 프로젝트 수업 (8차시 이상)

특성을 소개하고, 내가 좋아하는 것, 싫어하는 것 등을 소개하도록 하였다. 이에 앞서 자신의 이름이 가지고 있는 의미를 타이포그래피로 표현하게 하고, 이니셜로 3행시 짓기도 하였다. 또한 30년 인생로드맵을 그려보면서 자신이 미래에 하고 싶은 버킷리스트도 작성하게 해보면서 학생들이 자신의 꿈과 장래에 대해 고민할 수 있는 시간을 주고자 하였다.

각 차시별 활동에서는 단순하게 자신에 대한 소개를 영어 문장만으로 나열하기보다는 그 내용을 비주얼씽킹을 활용하여 시각화하여 표현해봄으로써 교과 내용에 대한 흥미를 높일 뿐 아니라, 영어표현을 내재화(internalize)하는데도 도움이 되도록 하였다.

나 소개하는 글쓰기에서는 1~4차시에서 작성했던 결과물들을 토대로 자기소개 글을 완성하도록 하였고, 이 단계에서는 주어, 동사가 갖추어진 완전한 영어 문장을 구사하도록 독려하였다. 무엇보다 자기 점검 및 동료 점검을 통해 자신들이 쓴 글을 학생들 스스로의 힘으로 수정, 보완하는 기회를 주는 데 초점을 두었다. 교사가 직접적인 피드백을 주기보다는 학생들 스스로 오류를 발견하고 수정하는 과정에서 학생들에게 자신감을 주고 영어 문장 쓰기 능력을 기르는데 도움을 주고자 하였다. 피드백을 통한 학생 성장의 관점에서 자기점검, 동료점검, 교사 관찰평가를 실시하였으며, 인지적인 요소뿐만 아니라, 정의적인 요소도 교사관찰 항목에 넣었다.

자기소개 글쓰기와 피드백 단계는 책 만들기 단계 중간과정으로 볼 수 있다. 자신이 가치 있다고 생각하는 미덕을 갖춘 롤 모델을 찾아 조사하여 정리하도록 하였다. 이후 1차시에서 7차시까지의 내용을 바탕으로 '이게 정말 나일까?' 동화책 내용과 구성을 참고하여, 'This is Me!'라는 자신을 소개하는 책을 완성하도록 하였다. 책이라는 결과물을 완성하는 경험을 통해 학생들이 성취감을 느낄 수 있도록 하고 싶었다. 책을 완성하기까지의 단계를 거치면서 자기소개에 필요한 여러 영어 표현을 자연스럽게 익히고 활용하게 될 거라 기대한다.

◎ **프로젝트 수업 개요**

1. 2022 개정 교육과정 성취 기준

[9영02-03] 친숙한 주제에 관해 사실적 정보를 설명한다.

[9영02-04] 친숙한 주제에 관해 경험이나 계획을 설명한다.

2. 프로젝트 수업에서의 탐구 질문

· 자신을 소개할 때 어떤 요소들을 넣으면 좋을까요?

· 나의 고유한 특성을 어떻게 알릴 수 있을까요?

3. 수행과제(GRASPS 모델)

· Goal(평가 목표): 자신을 탐구한 결과를 바탕으로 자신을 소개하는 글을 쓰고 책을 만든다.

· Role(역할): 학생 자기 자신

· Audience(청중/대상): 동료 학생, 교사, 부모님, 원어민 영어 교사

· Situation(문제 상황): '자신을 소개할 때 어떤 요소들을 넣으면 좋을까요?'에 대한 답하기 위해 자신에 대해 탐구해 보고 여러 흥미로운 요소를 활용하여 자신을 소개하는 글과 책을 완성해 봅니다.

· Product(결과물): 학생들은 100단어 이상의 자기 소개하는 글을 작성하고 이를 바탕으로 This is Me!라는 자기소개 책을 완성한다.

· Standards(평가 요소)

평가요소	평가기준
과제완성	문항에서 요구하는 글의 분량을 충족하고 다양한 표현을 활용하여 과제를 완성하였는가? 주어진 조건 외에 다양한 표현을 활용하여 과제를 완성하였는가?
내용 및 구성	주어진 주제에 대한 자신의 의견을 타당하고 관련성 있는 내용으로 작성하였는가? 모든 내용이 주제와 부합하고 요구하는 필수 정보를 모두 포함하였으며, 분명한 주제와 주제에 관한 타당한 설명 및 충분한 세부 사항을 논리적으로 제시하였는가?
언어사용	제시된 조건의 문법을 사용하고, 문법과 철자에 오류가 없는가? 단어 선택이 정확하여 글의 내용이 명확하게 전달되는가?

◎ 교과 융합 포인트, 타 교과 적용 포인트

· 롤모델선정하기 좋아하는것싫어하는것표현하기: 도덕

· 본인의외모표현하는수업 청소년의발달과정이해 등: 가정

· 자신을소개하는글쓰기: 국어

· 시각화: 미술

 실행

◎ 프로젝트 수업 절차

도입단계

1차시 과제수행계획서 작성하기

· 프로젝트 수행 과제(자신을 소개하는 책 만들기)와 탐구 질문(나는 어떤 사람인가?) 안내

· 수행평가 채점기준표를 확인하며 알아야 할 목록 만들기

· 제시된 프로젝트 개요를 읽고 개인별로 궁금한 것, 이미 알고 있는

것, 앞으로 알아야 할 것 등을 정리해 보면서 프로젝트 진행 과정에 대해 충분히 이해할 수 있는 시간을 준다.

· 『이게 정말 나일까?』 동화책 소개하기

자기소개를 색다르게 하는 법을 알려주는 책이다. 숙제, 심부름 등이 귀찮은 아이가 자기를 대신할 로봇을 산다. 그런데 로봇은 자기가 가짜 역할을 하려면 주인이 어떤 사람인지 알려 줘야 한다고 한다. 아이는 이름, 가족관계, 겉모습, 취미, 기호 등을 넘어서, 로봇이 원하는 더 많은 정보를 쥐어짜듯 생각하고 생각해서 로봇에게 알려 준다.

자기가 누군지를 다른 사람에게 전달하는 일은 어른들에게도 만만치 않다. 아이들은 자기소개를 할 때 신체조건(키, 몸무게 등)과 이름, 가족까지 소개하는 일도 드물다. 하지만 아이들의 첫 사회인 학교는 나와 가족, 단짝 친구를 넘어서 더 많은 것을 생각해야 하는 곳이다. 즉 남에게 내가 누구인지를 알리고 나를 포함한 우리에 대해 생각하며 남이 나와 다름을 처음 인정해야 하는 곳이다. 또 새로운 학기가 시작되면 매번 긴장과 설렘을 동시에 갖게 된다. 이럴 때 재미있는 방법으로 자신을 들여다보고 자기 소개를 하는 방법을 알게 한다면 한층 자신 있고 여유 있게 학교 생활을 즐길 수 있을 것이다.

"할머니가 말씀하셨는데, 인간은 한 사람 한 사람 생김새가 다른 나무 같은 거래. 자기 나무의 종류는 타고나는 거여서 고를 수는 없지만 어떻게 키우고 꾸밀지는 스스로 결정할 수 있대." "나무의 모양이나 크기 같

(8차시 이상)

장기 프로젝트 수업

은 것은 상관없어. 자기 나무를 마음에 들어 하는지 아닌지가 가장 중요하대." 자기가 어떤 존재인지를 알아간다는 것은 자신을 사랑하면서 멋지게 성장하는 첫 관문이다. 저자는 '가짜 나 만들기 작전' 이라는 이야기를 통해 아이들에게 자존감의 중요성을 이렇게 멋지게 풀어내고 있다.

이 동화책을 접하고 당장 이 책을 학생들에게 소개해야겠다고 마음먹었다. '책' 이라는 형태로 자기 자신을 소개하게 해야겠다고 마음먹은 것도, 스토리를 넣어 이야기를 구성해보게 한 것도 일련의 과정을 통해 학생들이 자기 자신에 대해 탐색해 보고 그 과정을 통해 자신의 있는 모습 그대로를 사랑할 수 있게 되기를 바랐기 때문이다.

> **『이게 정말 나일까?』에 대한 학생 의견**
>
> 김○○: 『이게 정말 나일까?』라는 동화책은 '세상에서 나는 나 하나뿐이고 아무리 나를 잘 안다고 해도 나를 따라할 수 없다'라는 내용이었고 나를 가장 잘 아는 것은 나라는 것을 알았다.
>
> 한○○: 주인공이 도우미 로봇을 사서 가짜 나를 만들어 내가 귀찮은 것, 싫어하는 것을 대신해주길 바라고 로봇에게 나를 소개했는데 엄마한테 바로 들키는 장면이 재미있었다.

탐구단계
2차시 내 이름 알리기

· 로마자 표기법 익히기: 자신의 영어 이름 철자를 모르는 학생들이 많다. 로마자 표기법을 익혀 자신의 이름을 영어로 쓰는 법을 익히고 영어 단어를 발음하는데도 도움을 줄 수 있다.

· 내 이름 알리기: 자신의 이름이 가지고 있는 의미를 이미지와 함께 표현하게 한다. 꼭 영어가 아니더라도, 한글, 한자 다 활용 가능하다.

· 타이포그래피 개념을 안내하고 학생들이 자신의 이름을 타이포그래피로 표현해 볼 수 있게 한다. 다양한 예시를 보여주어 아이디어를 내기 힘들어하는 아이들에게 도움을 주도록 한다.

타이포그래피(Typography)
▸ Type(활자)와 Graphy(그리는 방법)의 합성어
▸ 활자에 이미지를 입힌 표현 기법

aggressive
공격적인

· 자신의 이름으로 3행시를 짓도록 한다. 이 활동은 반드시 영어로 하도록 했고 간단하게 단어를 나열해도 되고 문장으로 이어 스토리가 되게 작성하게 하였다. 자신의 이름에 의미를 부여함으로써 학생들이 자아 정체성을 찾고 자존감을 높이는데 도움이 될 거라 생각하여 구안한 활동이다.

· 스피드 데이트로 자기 이름 소개하기: 4인씩 한 모둠이나 한 분단씩 짝을 지어 자신의 이름을 소개하도록 한다.

- 자기 이름 소개하기는 아이스브레이킹 및 팀빌딩 활동으로 진행할 수 있다.
- 1차시 수업으로 진행하였으나 영어 이름의 의미나 3행시를 짓는데 생각보다 시간이 많이 걸리므로 학생들의 결과물을 공유하고 성찰하는 단계를 별도 시간으로 구성하여 2차시로 진행하는 것도 가능하다.

장기 프로젝트 수업 (8차시 이상)

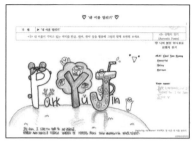 

3차시 특성(겉모습) 표현하기

· 동화책 '이게 정말 나일까?' 컨셉에 맞게 자신의 외모의 특성에 관해 정리해 볼 수 있도록 한다.

· 좋아하는 것, 싫어하는 것 표현하기: 자신이 좋아하는 것과 싫어하는 것을 이미지와 함께 표현해보도록 한다.

· 스피드 데이트로 자신의 특성 소개하기: 4인씩 한 모둠이나 한 분단 씩 짝을 지어 자신의 이름을 소개하도록 한다.

· 러닝로그 작성하기: 될 수 있으면 매 차시 수업 끝에 학생들이 성찰 일지를 작성하게 한다. 단순히 해보는 데서 그치는 것이 아니라 경험 에 대한 성찰(사고)을 통해 성장이 일어난다고 확신하기 때문이다.

· 특성 표현하기, 좋아하는 것과 싫어하는 것 표현하기에 대한 학생 성찰

장〇〇: 내 친구들에게 나의 모습을 소개하게 되어서 재미있었고 나만 아는 나의 특징을 알려주게 되어서 재미있었다. 이 활동지를 써보니 나의 장단점, 생김새 등을 영어로 써서 더욱 재미있게 할 수 있었다.

우〇〇: 나는 나이기 때문에 아무도 나와 똑같을 수 없는 것 같다. 앞으로 나를 더 사랑하고 아낄 것이다. 이 활동을 통해서 나를 더 자세히 알게 되어서 뜻깊은 활동이었던 것 같다.

신〇〇: 나를 겉으로 보면 어떨지 생각을 해 본 적이 없는데 영어 시간 덕분에 내가 겉으로 보면 어떤지 알 수 있어서 신기했고, 내가 어떻게 보이는지 생각을 할 수 있어서 좋았다. 다음에도 이 활동을 할 수 있으면 좋겠다.

영어 표현이 문제가 아니라 하고 싶은 말이 떠오르지 않아서 표현 못하는 학생들이 많다. 한국어로라도 좋으니 여러 의견을 낼 수 있도록 독려하는 것이 중요하다. 프로젝트를 수행하는 과정에서 학생들이 'be동사, 일반동사' 등의 핵심 영어 표현을 익혀 활용할 수 있도록 한다.

스피드 데이트로 자신이 좋아하는 것과 싫어하는 것 소개하는 장면

| 겉모습 소개 예시 | 좋아하는 것 싫어하는 것 소개 예시 |

4차시 인생 로드맵 그리기

· 30년 인생 로드맵 그리기: 10년 후, 20년 후, 30년 후 자신의 인생 로드맵을 그려보면서 자신에 대해 탐색해 보도록 한다.

· 버킷리스트 관련 영상 시청 후 버킷리스트 작성하기: 장래 희망, 직업 중심이 아니라 자신이 무엇을 하고 싶은지에 초점을 두고 버킷리스트를 작성해보도록 한다.

· 학생들이 이 시간에 가장 활발한 이야기를 주고받았다. 자신의 미래에 대해 상상해보는 것이 흥미로웠던 것 같다. 새로운 활동을 시작할 때는 이전 학년이나 다른 반에서 나온 결과물을 예시로 충분히 보여준다. 단, 오랜 시간 보여주면 예시를 무작정 베끼는 경우도 있으니 적절하게 노출하도록 하는 것이 좋겠다.

프로젝트를 수행하는 과정에서 학생들이 want to/will 등의 핵심 영어표현을 익혀 충분히 활용할 수 있도록 한다. 꼭 영어 문장을 완벽하게 작성하지 못하더라도 생각을 해보는 것만으로도 의미가 있는 활동임을 강조하고 학생들이 자신의 미래를 그려볼 수 있도록 독려한다.

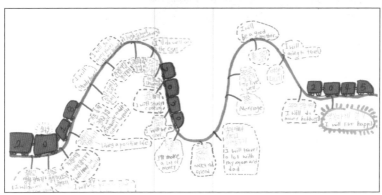

30년 인생 로드맵 예시

5차시 나를 소개하는 글쓰기

· 100단어 내외로 나 소개하는 글쓰기: 내 이름의 의미 소개하기, 나의 겉모습, 특성 소개하기, 내가 좋아하는 것 싫어하는 것 소개하기, 버킷리스트 소개하기

1~4차시까지 진행했던 활동지를 참고해서 작성하도록 하니 대부분의 아이들이 글쓰기 기준 분량을 채울 수 있었다. 앞 차시 활동이 글쓰기의 비계가 된 셈이다. 매 차시 별로 러닝로그를 쓰며 스스로 성찰하고 스피드 데이트를 통해 동료들의 작품을 공유한 것이 학생들이 자신의 문장이나 활동 결과물을 개선할 수 있는 기회가 되었다.

　　첫 시간 나눠주었던 로마자 표기법 활동지에서부터 자기 이름 소개하기에 이르기까지 이전에 받았던 활동지를 참고해서 글을 작성하는 모습을 보면서 영어라는 과목이 암기가 필수인 과목이기는 하지만 적절한 자료를 찾아서 쓸 수 있는 자료 관리 능력, 정보처리 능력 등을 동시에 기를 수 있다는 생각이 들었다.

이전 차시 활동지를 참고하여 글을 작성하는 모습

　　작성을 힘들어하는 학생들의 경우 추가 참고자료를 제시하는 등 적절한 비계를 제공하도록 한다. 밑줄을 주고 자신에게 해당하는 표현을 써넣게 하거나 예시 문장을 충분히 주고 그중에 적절한 것을 골라서 작성하도록 하는 것도 한 방법이다. 영어 사전, 번역기 등을 적절하게 사용할 수 있도록 안내한다.

6차시 글쓰기에 대한 다양한 피드백

· 자신이 쓴 글을 읽고 자기점검체크리스트 작성하기

· 친구들이 쓴 글을 읽고 동료 점검 리스트 작성하기

· 원어민 선생님에게 글쓰기에 관한 피드백 받기: 구글클래스룸 댓글 기능 활용 가능

· 공통적인 실수에 대해 교사가 전체 피드백을 줄 수도 있다.

· 동료 및 교사의 피드백을 바탕으로 글 수정하기

　교사가 직접적으로 오류를 언급하기 전에 모둠 내에서 학생들 스스로 먼저 오류를 찾아내도록 지도했다. 모둠 안에서 찾아낸 문장 오류들을 포스트잇에 적어서 써클맵에 붙인 후 모둠원끼리 상의하여 올바른 문장으로 고쳐보았다. 교사가 전체적으로 학생들이 자주 하는 실수를 언급한 후 자신의 글쓰기를 스스로 고쳐보도록 하였다. 자기 평가, 동료평가, 교사 관찰 평가 등을 통합하여 학생들이 자신이 쓴 내용에 대해 수정할 기회를 부여했다.

자기평가, 동료평가 활동지 예시 참조하기

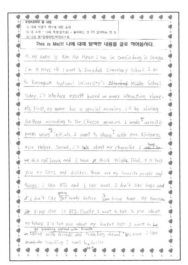

자기점검체크리스트 작성

100단어 쓰기 작성 및
고쳐쓰기 예시

동료 피드백 후 모둠 내에서 오류를 찾아
모둠원끼리 고쳐보는 작업

6차시 글쓰기까지 진행한 내용을 총괄평가에 반영하고 성찰을 나눈 후 프로젝트를 마무리할 수 있다. 이후 단계는 심화해서 진행하고 싶은 경우 적절하게 적용하기를 추천한다.

7차시 미덕찾기

· 미덕 관련 영상 시청하며 활동지 풀기

· 미덕 관련 표현 익히기
· 자신이 가장 중요하다고 생각하는 미덕(내가 갖추고 싶은 미덕)과 다짐 적기

자신이 중요하다고 생각하는 미덕을 가지고 있는 인물을 찾아 조사해
보도록 한다.

9차시 롤 모델 찾기

· 나의 롤 모델 소개하기: 롤 모델이 한 활동 소개, 롤 모델을 선정한
  이유, 그렇게 되기 위해 실천할 항목 쓰기

롤 모델을 정하지 못한 학생의 경우 진로 관련 책이나 자료를 검색해
보며 충분히 생각할 시간을 주도록 한다.

자신의 꿈이 의사인 한 아이가 김태석 신부님을 롤 모델 삼아 장차 자신도 어려운 사람들을 도와주겠다는 글을 작성한 것을 보고 감동했다. 영어 표현을 떠나 자신의 꿈에 대해 진지하게 생각해보는 기회를 학생들에게 줄 수 있었다는 사실에 뿌듯했다.

롤 모델 소개하기 예시

9차시 나를 소개하는 책 만들기(2-3차시 더 할애될 수도 있다)

◎ 나를 소개하는 책 만들기

· 전통노트로 엮기

· 표지 꾸미고 책 내용 채우기

앞 단계에서 작성한 내용을 모두 모아서 책 형태로 만들어 본다.
다양한 형식으로 자신을 자유롭게 표현할 수 있도록 독려한다.

장기 프로젝트 수업
(8차시 이상)

온라인 편집 툴을 활용하여 책을 제작할 수도 있다. 책이라는 완성된 결과물에 대해 평가를 할 수도 있지만, 쓰기 평가 결과만 점수화하고 영어과 평가 기준으로 평가하기 힘든 부분은 과목별 교과 세부능력 및 특기사항에 기록할 수 있다. 꼭 책자 형태로 인쇄를 하지 않아도 패들렛과 같은 온라인 게시판에 개별로 시를 게시하게 하거나 교실 벽면에 결과물을 붙여 갤러리 워크 활동을 할 수도 있다.

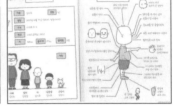

전통노트 책 엮는 중 　　　　　『이게 정말 나일까?』의 한 장면

결과물 발표 및 성찰 단계

10차시 **발표하기**

· 나를 소개하는 책 발표하기

· 책을 돌려가며 보면서 동료평가를 진행한다.

This is Me 자기소개 책 표지 예시

자기소개 책 결과물 한 학생 작품 예시(앞표지-1-2-3-4-5)

자기소개 책 결과물 한 학생 작품 예시(6-7-뒷표지-친구들이 준 피드백)

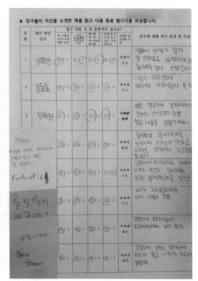

책만들기 동료평가 예시

◎ 프로젝트 성찰일지 작성하고 공유하기

· 자신이 가장 잘했다고 생각하는 부분과 그 이유

· 가장 인상 깊은 작품 한 편 선정하고 그 이유

· 이번 프로젝트 수행 과정에서 나에게 가장 도움이 많이 되었던 친구
  와 그 이유

· 과제 수행 중 본인이 가장 몰입하여 참여하였거나 재미있었던 활동
  등에 대해 생각을 정리하고 의견을 나누도록 한다.

성찰일지 작성 후 학생들끼리 공유하는 시간을 갖도록 한다. 이번 프
로젝트에서 아쉬웠던 부분을 반영하여 다른 프로젝트에는 좀 더 성실하
게 참여할 수 있도록 분위기를 만드는 것이 중요하다.

◎ 교과 세부능력 및 특기사항 기록

우수: 자신을 소개하는 'This Is Me 프로젝트' 활동을 통해 자신의 이름으로 지은 삼행시, 자신의 특성, 좋아하는 것, 싫어하는 것, 버킷리스트, 롤 모델 소개 등의 정보를 종합하여 100단어 내외로 자신을 소개하는 글을 작성하였으며 자기점검 및 동료점검을 통해 자기소개하기 글을 수정, 보완하여 최종 글을 완성함. 30년 인생로드맵 그리기를 통해 자신의 미래에 대해 고민해 보고 미래의 계획을 영어로 표현하는 방법을 익혀서 적절하게 표현함. 자기소개 책 만들기에서 기존 자료를 잘 활용하여 내용을 구성하였을 뿐만 아니라 창의적인 스토리를 추가하여 뛰어난 영어 문장 구성 실력을 보임. 친구들이 작성한 자기소개 글을 읽고 동료평가에 진지하게 참여하였으며 친구들의 작품에 적절한 피드백을 줌.

보통: 자신을 소개하는 'This Is Me 프로젝트' 활동 시 자신에 대한 다양한 정보를 종합하여 100단어 내외로 자신을 소개하는 글을 작성하고 자기점검 및 동료점검을 통해 자기소개하기 글을 수정, 보완하여 최종 글을 완성함. 비주얼씽킹을 활용한 활동들에 흥미를 보이며 적극 참여하였으며 자신의 흥미, 버킷리스트를 영어로 표현하는 법을 익혀서 문장을 완성함.

미흡: 자신을 소개하는 'This Is Me 프로젝트' 활동 시 자신에 대한 정보를 활용해 영어 문장을 완성하려고 노력함. 비주얼씽킹을 활용한 활동들에 흥미를 보이며 참여하였으며 자신의 흥미, 버킷리스트를 영어로 표현하는 법을 익혀서 올바른 문장을 작성하려고 노력함.

장기 프로젝트 수업
(8차시 이상)

성찰

◎ 교사 소감

활동지에 작성을 하는 것과 책으로 만들어내는 것은 학생들의 몰입도에서 큰 차이가 있음을 직접 관찰할 수 있었다. 자신을 표현하는 책을 만드는 과정에서 활동지에 작성했던 내용을 한층 업그레이드해서 표현하는 학생들의 모습을 보며 책이라는 공개할 결과물을 만들고 전시하는 과정을 거치면서 학생들의 주도성이 발휘됨을 느낄 수 있었다. 교사가 굳이 이래라 저래라 하지 않더라도 동료평가를 하는 과정에서 자신이 어떤 부분이 부족한지 스스로 깨닫고 수정하려는 모습을 보며 동료평가의 힘도 다시 한 번 깨닫게 되었다.

◎ 학생 소감

김○○: 내가 가장 잘했다고 생각하는 부분은 좋아하는 것과 싫어하는 것이다. 왜냐하면 문장으로 싫어하는 이유와 좋아하는 이유를 자세하게 적었기 때문이다. 책 뒷표지와 속표지 만들기도 잘했다고 생각한다. 왜냐하면 진짜 책처럼 만들기 위해 노력했기 때문이다.

최○○: 이○○의 책이 가장 인상 깊었다. 왜냐하면 책 끝에 자신이 대만에 간다는 내용을 추가하여 감동이 있었고, 수업 시간에 한 활동 외에 자신의 이야기를 넣어서 더 좋았던 것 같다.

윤○○: 나에게 가장 도움이 되었던 친구는 최○○이다. 왜냐하면 내가 책을 어떻게 만들지 모를 때 친절히 알려주었고 피드백을 잘 주었기 때문이다.

강○○: 내가 가장 몰입하여 참여했던 활동은 책으로 만들기였다. 왜냐하면 나만의 책을 만들 수 있어 뿌듯했기 때문이다. 배운 점은 책 한 권을 만들기 위해 이렇게 많은 노력과 시간이 들어가는 걸 보고 책을 우습게 여기지 말아야겠다는 걸 알게 되었다.

◎ **활동지 다운로드 경로**

◎ **활동 과정이 설명된 블로그**

7
환경 패러디 동화 만들기

🔎 탐구

◎ 왜 이 프로젝트 수업을 시작했냐고요?

영어 교과의 본질(영어로 듣기, 말하기, 읽기, 쓰기 능력을 키움)을 추구함과 동시에 학생들에게 바른 인성을 길러주기 위해 Extensive Reading(다독)이 필요하다고 평소 생각해왔다. 특히 문학 작품을 통한 Extensive Reading은 그 자체로서 인성교육적인 요소를 포함함과 동시에 영어교과의 본질에도 다가갈 수 있는 최고의 방법이라고 생각한다.

영어 원서를 활용한 수업을 시도하던 중 학년 PBL 주제와 관련하여 환경 문제를 다룬 영어 동화책 쓰기를 진행하였다. 교과서 단원에 소개된 '잠자는 숲속의 미녀' 패러디 동화에서 아이디어를 얻어 우리 학생들도 기존에 잘 알려진 동화를 패러디하여 환경 문제와 그 해결방안에 관한 이야기를 구성하고 책으로 만들도록 하였다. 이런 활동을 통해 주어진 텍스트를 읽고 이해하기, 자신이 의도하는 바를 쓰고 표현하기 능력을 학생들이 기를 수 있기를 바랐고, 환경 문제 인식 후 우리가 할 수 있는 실천 방안에 대해서도 학생들이 고민해 보기를 바랐다.

자신들이 모티브로 삼은 원본 동화 영어로 읽어보기, 책 광고문 만들기나 책 띠 만들기 수업 등으로 연계하여 진행도 가능할 것이다. 학생들이 자신이 쓴 동화를 구연하는 장면을 담아 유튜브나 TED-Ed 사이트, 페이스북 등을 통해 학생들의 작품을 알리고 교실 밖에서도 피드백을 받아보는 것도 의미가 있을 것이다. 자신이 쓴 동화책 속에 담겨있는 해결방안을 실천한 인증샷 공유하기 등을 통해 학생들이 배운 것을 몸소 실천하도록 독려도 하고 싶다. 수업 시간에 이런 다양한 활동을 하기 위해 설명이 꼭 필요한 강의 부분은 교사가 동영상으로 제작하여 미리 수업용 카페에 게시함으로써, 예습, 복습을 자신이 원하는 때에 할 수 있게 하여 자기 주도 학습 능력을 기르는데 도움이 될 것이라 믿는다.

모둠별 결과물 공유 단계에서는 책을 평가한다는 특성에 맞게 학생들이 책의 구성적인 측면과 영어 표현 등에 몰입하여 진지하게 평가할 수 있도록 고심하여 평가 항목을 선정했다. 학생들이 상호 피드백을 활발하게 주고받을 수 있도록 보석맵과 포스트잇 등을 활용하여 상호 피드백 내용을 시각화하도록 했다.

◎ 프로젝트 수업 개요

1. 2022 개정 교육과정 성취 기준

[9영02-02] 대상이나 인물의 감정을 묘사한다.

[9영02-04] 친숙한 주제에 관해 경험이나 계획을 설명한다.

[9영02-06] 친숙한 주제에 관해 자신의 의견을 주장한다.

[9영02-09] 적절한 매체를 활용하여 정보 윤리를 준수하며 말하거나 쓴다.

2. 프로젝트 수업에서의 탐구 질문

　·어떻게 하면 환경 문제의 심각성을 사람들에게 알릴 수 있을까?

　·잘 알려진 이야기를 통해 메시지를 전달하는 것은 효과가 있

　을까?

3. 수행 과제(GRASPS 모델)

· Goal(평가 목표): 환경을 주제로 한 패러디 동화책을 통해 핵심 메시지

를 전달할 수 있다.

· Role(역할): 학생 자기 자신

· Audience(청중/대상): 동료 학생, 교사, 부모님, 원어민 영어 교사, 전 세

계 사람들

· Situation(문제 상황): 여러분은 1학년 자유학기제 학년 프로젝트인 환

경박람회(9월 26-27 예정)에 출품할 환경 관련 책을 만들어야 합니다.

책에 포함되어야 할 내용은 다음과 같습니다. [참고자료]처럼 기존

동화를 패러디한 작품으로 구성하기, 환경 문제 제시뿐 아니라, 해결

방안 및 실천 방안이 이야기 속에 포함되도록 구성하기

· Product(결과물): 환경을 주제로 한 패러디 동화책

· Standards(평가 요소): 3번 프로젝트와 동일

◎ 교과 융합, 타 교과 적용 아이디어

· 동화책 시나리오 작성하기: 국어

· 영어 동화책 시나리오 작성하기: 영어

· 동화책 만들기: 미술

· 동화구연 하기: 영어

실행

◎ 프로젝트 수업 절차

1차시 **프로젝트 안내 및 과제수행계획서 작성하기**

· 수업들머리 교육: 마시멜로 이야기(Don't eat the marshmallow yet)'를 보여주며, 자기 절제력(self-discipline)이 무엇보다 중요함을 강조

· 5단원 Sleeping Beauty Wakes Up! 내용 소개 후 우리도 기존에 잘 알려진 동화를 바탕으로 환경 문제를 다루는 동화책 쓰기를 할 거라고 문제 시나리오 제시, 각 모둠에서 다룰 환경 문제와 동화 선정

학생들이 익숙한 동화를 주제로 하다 보니 아이디어 발산 단계에서 활발한 이야기가 오고 갔다.

2차시 **동화책 전체 스토리라인 짜기**

과제수행계획서 작성 / 스토리라인 짜기 / 영어 스크립트 짜기

· 모둠별로 1차시에서 논의한 '우리 모둠에서 다룰 환경 문제'와 '우리 모둠이 패러디할 동화'와 그 선정 이유에 대해 발표

· 포스트잇에 각자 의견을 낸 후, 재배열하여 전체 스토리를 만들게 하

기도 하고, 보석맵 틀을 활용하여 네 명이 동시에 자신의 의견을 적고 서로 돌려보며 전체 이야기를 정리함

`3~4차시` 개별 시나리오 작성하기

· 영어책 시나리오 작성
· 무임 승차하는 것을 방지하기 위해 전체 스토리를 4등분으로 나눈 후, 각자 자기가 맡은 분량은 책임지고 영작을 하게 함
· 무분별한 번역기 사용 방지와 영어 작문에 쉽게 접근하도록 하기 위해 써클맵을 활용하여 장면을 먼저 시각화한 후 영어 문장을 작성하도록 함
· 태블릿과 한영사전 제공(종이사전)

`5차시` 미니 강의

· 학생들이 작성한 개별 스크립트에 대한 원어민 피드백
· 학생들 시나리오 분석 후 오류가 많은 과거시제에 대한 교사의 미니 강의

`6~8차시` 동화책 만들기

· 책 모양, 분량 등을 모둠별로 자유롭게 정하도록 함
· 책 모양과 내용에 대한 아이디어를 위해 다양한 원서 예시로 제공

`9차시` 모둠별 작품 공유하기

· 책의 구성적인 측면과 영어 표현 등에 집중하여 진지하게 평가할 수 있도록 평가 항목을 제작

· 동화책이라는 특성상 한 모둠씩 앞에 나와 발표하는 것 보다는 책의 내용을 좀 더 심도 있게 읽어보고 피드백을 주는 환경을 형성하기 위해 보석맵 틀에 4가지 피드백 카테고리를 제시하고 개별적으로 포스트잇에 피드백을 주도록 함

· 셋 남고 하나 가기 방식(월드카페 형태 응용)으로 각 모둠에 1번이 자기 모둠의 책과 보석맵을 들고 다른 모둠로 이동하여 책에 대한 설명을 하고 피드백을 모아오도록 함

· 모든 모둠에서 피드백을 받은 후, 제일 마음에 드는 피드백 2가지를 정하게 하였고 책의 간략한 줄거리, 마음에 드는 피드백, 소감 등에 대해 모둠별로 발표하게 함

9차시-공유 및 피드백

마음에 드는 피드백 골라 발표하기

10차시 성찰일지 작성, 동화 구연 연습 및 녹화

· 개별 학습지에 동료평가 및 성찰일지 작성

· 완성된 동화책을 모둠원 모두가 낭독한 영상을 선생님이 운영하는 카페에 업로드

· 영어로 읽기, 쓰기 능력 외에 말하기 연습을 위해 동화 구연 형태의 발표 방법을 도입하여 학생들이 본인이 만든 작품을 글과 말로 모두 표현해 볼 수 있는 기회를 제공하고자 함

동화책을 먼저 완성한 반에서 동화 구연 연습을 한 후 영상으로 찍어 카페에 올리도록 했다. 여기저기서 읽는 연습을 하고 여러 번 NG를 내며 잘 찍으려고 노력하는 모습이 기특했다. 영어 문장을 쓸 때는 베껴서 쓴 아이들도 여러 번 읽어보는 과정에서 문장에 대한 이해를 높일 수 있었다.

◎ 교과 세부능력 및 특기사항

패러디 동화 만들기 프로젝트에서 모둠원들과 협력하여 사막화의 심 각성을 알리고 해결방안을 제시하는 동화책을 완성함. 동화책 스토리 만들기 단계에서 창의적인 의견을 제시하였으며 적절한 형식으로 효과 적이고 응집력 있게 정보를 조직하고 청중과 목적을 분명하게 이해하여 맥락에 맞게 필요한 정보를 잘 전달함.

다양한 어휘와 어법(과거 시제 등)을 정확하게 사용하여 수질오염의 심 각성을 알리고 해결방안을 제시하는 패러디 동화를 완성함.

패러디 동화 만들기 프로젝트 중 동화 구연하는 단계에서 명확한 발 음과 억양으로 동화책의 내용을 효율적으로 전달함.

 성찰

◎ 교사 소감

프로젝트 완료 후 결과물을 온라인에 게시하고 여러 사람들에게 영어로 피드백을 받음으로써 학생들에게 자신들이 세상과 연결되어 있다는 것을 보여주고 자신들의 작품에 긍정적인 피드백을 보고 자신감을 얻게 되는 계기가 되었다. 영어 교과의 특성상 아무리 좋은 아이디어가 있어도 영어로 말하거나 쓰는 등 표현하는 과정에서 학생들의 영어 실력이 모국어 실력에 훨씬 못 미치기 때문에 이 과정에서 학생들이 힘들어하는 장면을 자주 목격하게 된다. 특히 몇 년간 중3을 가르치다가 1학년 수업을 하면서 학생들의 기본 어휘나 문장 구성 수준이 내 예상보다 낮은 것을 보고 수업을 진행할 때 교사로서 좌절할 때도 있었다.

그러나 이번 프로젝트를 끝내놓고 나니 1학년이라고 못할 것도 없고, 꼭 영어로 발화하고 써야 한다는 제약에서 벗어난다면 충분히 다양한 활동을 할 수 있을 거라는 믿음이 생겼다. 프로젝트 수업이 아니었으면 중1 수준에서 익힐 수 없었을 어휘도 동화책 이야기를 만드는 과정에서 꼭 필요한 단어라면 학생들이 얼마든지 사전에서 찾아 익힐 수 있었고, 비록 100% 영어로 발화를 할 수는 없었지만 이 과정에서 학생들이 사고력, 응용력 등이 충분히 발달했을 거라고 생각한다.

6차시로 계획했던 이 프로젝트가 10차시 정도로 길어지면서 책 만들기 과정에서 학생들이 영어 문장 만들기 외에 영어책 구성과 제작에 비록 많은 시간을 투자했지만, 그 과정에서 영어 스크립트 작성 때는 보지 못했던 영어 문장을 완벽하게 만들려는 의지를 보였던 학생들, 영어책 디자인에 참고하기 위해 선생님이 교실에 들고 간 원서를 재미있게 읽는 학생들, 평소 수업 시간에는 아무것도 하지 않던 아이가 그림을 그리고 색칠하는 장면 등 이 프로젝트 과정을 지켜보지 않았더라면 얻지 못했을 수많은 잊지 못할 장면들이 내 머릿속에 사진으로, 동영상으로 남아 있기에 결코 헛된 시간들이 아니었다고 생각한다. 그리고 학생들이 자신들의 속도에 맞게

장기 프로젝트 수업 (8차시 이상)

과업을 완성하도록 시간을 배분하고 끝까지 기다려준 나 자신에게 박수를 보내고 싶다. 끝까지 나를 믿고 따라와 준 학생들에게도 박수를 보낸다.

◎ 학생 소감

이○○: 5모둠의 The Little Mermaid and Lost Voice가 가장 인상 깊었다. 이 작품을 통해 수질오염의 심각성에 대해 다시 한 번 깨닫게 되었고, 그 수질오염의 해결방안으로 일상생활의 사소한 일부터 올바르게 실천해야 된다는 것을 알게 되었다. 따라서 앞으로 수질오염을 막기 위해서라도 비누를 적게 사용하기 등의 방안을 실천해야겠다고 다짐했다.

박○○: 이번 과제를 해결하면서 우리 모둠이 다뤘던 사막화 문제에 대해 조사하는 과정에서 사막화의 원인과 대처방안에 대해 알게 되었다. 또 이 과제를 수행하기 전 과제 수행 계획서를 써보는 과정에서 앞으로의 할 일을 차근차근 써보고 정리하고 조사해보면서 나 스스로 그리고 우리 모둠원이 앞으로 잘 해낼거라는 생각이 들어 뿌듯했다. 피드백 주고받기를 하면서 다른 모둠의 잘된 점과 아쉬웠던 점에 대해 이야기 나누는 과정이 재미있었다.

평소 수업 시간에 무기력하게 앉아 있던 녀석들이 내가 집에서 가지고 온 동화책을 열심히 읽고 서로 읽어주기까지 하며, 친구들이 만든 책을 즐겁게 읽으며 피드백 주는 데 몰입하는 장면을 봤을 때 그저 흐뭇하기만 했다. 이런 장면들이 10차시나 되는 프로젝트를 계속 진행하게 한 힘이 아닐까 한다.

최대한 많은 영어 동화책을 반으로 가져가 보여주기 위해 이동식 카트를 구입했다. 학생들이 카트로 몰려와 내가 집에서 가져온 동화책을 집중해서 읽고 즐거워하는 모습을 보니 흐뭇했다.

다양한 디자인의 책 결과물   학생들 결과물을 볼 수 있는 유튜브 채널

동화책 결과물 예시

학생들이 만든 동화책 예시-The Little Mermaid and Lost Voice

학생들이 낭독한 패러디 동화에 대한 유튜브 댓글 예시

8
난민 문제에 대한
공감과 난민 돕기

🔍 탐구

◎ **왜 이 프로젝트 수업을 시작했냐고요?**

난민 문제를 알리고 수익금을 유엔난민기구에 기부하겠다는 취지로 시작한 프로젝트이다. 영어과 목표와 성취 기준에 부합하면서 학생들의 실제 삶과 연관되는 프로젝트 주제를 늘 고민한다. '난민'이라는 주제는 'On the Move Activity'를 알게 된 것이 계기가 되었다. 이 활동을 시작으로 난민 문제에 나부터 관심을 가지게 되었다. 학생들이 난민의 문제에 공감하고 그들을 돕기 위해 무엇을 할 것인지 고민해 보는 기회를 가지기를 바랐다. 앞으로의 사회는 다른 나라의 영향을 받지 않을 수 없다. 글로벌 시민으로서 국제 문제에 관심을 가지고, 여러 나라 문화를 이해하는 교육이 필요하다는 생각에서 이 프로젝트를 기획하게 되었다. 난민 문제에 관심을 가지고 그들의 상황에 공감하고 그들을 도울 수 있는 방법에 대해 한 번쯤 생각해보고 실천해 보는 것, 그렇지만 꼭 난민에 국한시키는 것이 아니라 우리 주변에 있는 약자의 입장을 공감하고 배려했으면 하는 생각이 더 컸다. 학교, 교실 안에서도 우리가 관심을 주고 공감하고 배려해야 할 대상들이 많다. 우리 아이들은 앞으로 다양한 문화권의 사람들과 어울려 살아가야 할 테니까 이런 경험들이 세상을 살아가는데 큰 힘이 될 거라는 믿음에서 이 프로젝트는 출발했다.

이 프로젝트에서 특별히 신경 썼던 부분은 도입활동이다. 프로젝트 진행 팁 중에 하나가 도입활동을 유의미하게 하는 것인데, 난민 친선대사 정우성 배우가 쓴 책을 소개하기도 했고 담당자에게 이메일을 보내 학생들과 난민 프로젝트를 할 것이란 걸 알리고 학생들 동기부여를 위한 도움을 요청하기도 했다. 유엔난민기구 한국 담당자가 프로젝트 시작 전 수업에 도움이 될 만한 책자와 후원 회원을 위한 리워드 상품 등의 예시를 보내주었다. 프로젝트 종료 시기에는 학교를 직접 방문해 학생들을 격려하고 질의 응답하는 시간을 가지기도 했다. 유엔난민기구에서 학교 방문을 한다는 사실을 알고 학생들이 무척 기뻐했다. 구글 클래스룸을 통해 미리 학생들의 질문을 받고 질의응답 시간을 가졌다. 이런 요소가 학생들이 프로젝트에 더욱 몰입하게 만들었다고 생각한다.

단계별 프로젝트 결과물(이메일 작성, 영어 캐치프레이즈, 펀딩 개설 신청서)이 완성되고 난 후에는 교실 안에서만 공유하고 그치는 것이 아니라, 유엔난민기구본부에 직접 영어로 이메일 보내기, 영어로 캐치프레이즈 작성하여 만든 홍보 영상 유튜브에 게시하기, 크라우드 펀딩 개설서를 국문, 영문으로 작성한 후 실제로 네이버 해피빈 사이트에 펀딩 개설 신청하기 등 실생활에 그대로 적용할 수 있도록 했다. 난민 돕기에 시민들의 동참을 이끌어낼 수 있도록 캐치프레이즈를 만들어 짧은 영상으로 제작하였다. 단지 난민은 불쌍한 사람, 도와주어야 하는 사람이 아니라 우리와 같은 인간으로서 존중받아 마땅하며 단지 우리나라에 온 손님이니 두려워하지 말고 그들이 안전하게 있다가 자기 나라로 돌아갈 수 있도록 격려해 주자는 메시지가 많았다.

평소 프로젝트 수업을 디자인 할 때 GSPBL에서 강조하고 있는 공개할 결과물, 실제성의 요소에 중점을 두고 구상하는 편인데, 이번 프로젝트에서도 마찬가지였다. 또한 학생들의 의사와 선택권을 존중하고 성찰의 기회를 각 단계마다 제공하고자 노력했다. 무엇보다도 교실에서 이루어지는 수업내용이 현실과 동떨어져 있는 의미 없는 것이 아니라 실제 세상과 연결되어 있음을 깨닫게 해주기 위해 지속적으로 의미를 부여하며 프로젝트를 진행했다.

실제로 자신들이 난민들을 도울 수 있다는 전제에서 학생들이 몰입할 요소가 충분했다고 본다. 수익금을 기부한다는 사실에서 학생들이 세상에 긍정적인 영향을 미칠 수 있다는 깨달음을 얻게 되기를 바랐다. 이런 활동들을 통해 학교 수업이 교실에만 머무는 것이 아니라 실제 세상과 연결되어 있다는 것을 깨닫게 될 것이다. 그런 연결됨을 느꼈기에 학생들이 수업에 더욱 몰입할 수 있었다고 생각한다.

◎ 프로젝트 수업 개요

1. 2022 개정 교육과정 성취 기준

[9영02-04] 친숙한 주제에 관해 경험이나 계획을 설명한다.

[9영02-06] 친숙한 주제에 관해 자신의 의견을 주장한다.

[9영02-08] 간단한 일기, 편지, 이메일 등의 글을 쓴다.

[9영02-09] 적절한 매체를 활용하여 정보 윤리를 준수하며 말하거나 쓴다.

장기 프로젝트 수업 (8차시 이상)

2. 프로젝트 수업에서의 탐구 질문

· 글로벌 시민으로서 우리는 난민 문제를 어떻게 받아들여야 할까요?

· 여러분들이 전쟁과 폭력에 대한 억압 때문에 우리나라를 떠나야 한다면 어떤 기분이 들까요? 난민의 상황에 공감하고 그들을 도와줄 방법에 대해 생각해보고 실천해 봅시다.

· 지속가능하고 평화로운 세상을 위한 나의 노력은 어떤 것이 있을까요?

3. 수행 과제(GRASPS 모델)

· Goal(평가 목표): 어려움에 처한 이웃의 상황에 공감하고 그들을 돕기 위한 실천을 하겠다는 다짐의 글을 작성할 수 있다.

· Role(역할): 학생 자기 자신

· Audience(청중/대상): 난민, 유엔난민기구 관계자, 동료 학생, 교사

· Situation(문제 상황): 「내가 본 것을 당신도 볼 수 있다면」에서 작가는 '누구라도 난민촌에서 난민들을 만나 직접 그들의 이야기를 듣는다면, 그들을 도와야 한다는 사실과 유엔난민기구의 역할에 대해 의문을 품지 않을 것이다' 라고 합니다. 세상 사람들에게 난민 문제를 알리고 그들을 도와야 한다는 메시지를 전달할 수 있는 방법을 함께 고민해 봅시다.

· Product(결과물): 학생들은 난민을 돕겠다는 주제로 100단어 이상의 다짐하는 글쓰기를 한다. 난민 돕기를 독려하는 캐치프레이즈를 만든다. 난민 체험을 통해 난민의 입장에 공감하고 난민을 돕기 위한 프로젝트 계획서를 작성해 본다.

· Standards(평가 요소): 4번 프로젝트와 동일

※ 정의적 영역 평가계획

· 의사소통(의사소통기술): 생각 공유하기, 친구에게 의미 있는 피드백 주기

· 사회성(협업): 짝이나 모둠에서 'Think-Pair-Share 활동'을 통해 관점이나 내용 확장하기

· 자기관리(조직화): 활동지를 포트폴리오로 누적 관리하기

· 자기관리(성찰): 수업 전 학습 목표를 설정하고, 수업 후 학습 목표 달성 여부 성찰하기

· 조사(정보활용능력, 미디어 리터러시): 수업에 관련된 내용 검색하기

· 사고력(창의적 사고, 비판적 사고, 전이): 프로젝트 계획서 쓰고 발표하기

◎ 교과 융합, 타 교과 적용 아이디어

· 난민에 관해 조사하고 정리하기: 사회 및 도덕

· 캐치프레이즈 만들기: 미술과

· 아나바다 장터: 학교 자치회 행사

· 평소 난민에 관한 자신의 생각 혹은 난민을 돕겠다는 다짐의 글쓰기: 국어과

· 난민 관련 책 읽기: 국어과

장기 프로젝트 수업
(8차시 이상)

실행

◎ 프로젝트 수업 절차

1차시 **On the Move Activity**

· 모둠구성 및 팀빌딩 활동: 새 학기 시작 후 팀빌딩 활동의 일환으로 'On the Move Activity'를 활용했다.

· 난민이 처한 상황에 공감하는 역할극 체험

On the Move Activity 설명

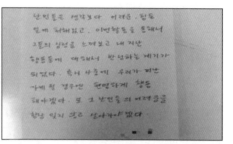
학생 체험 소감

On the Move Activity에 대한 설명

· 어린이, 청소년들이 안전을 찾아 떠나는 난민 가족의 여정을 따라가 볼 수 있게 구성되어 있는 활동이다. 학생들로 하여금 협력하고, 토론하고, 공유하게 함으로써 난민들을 이해하고 그들이 처한 상황에 대해 공감할 수 있도록 도와준다.

· 활동 방법

① 6명으로 모둠을 구성하고, 각자 역할을 정한다. (예: 조부모, 부모, 아이들)

② 그림과 상황 설명 및 각 단계에서 해결해야 하는 미션을 제시한다.

③ 각 단계별로 주어진 시간 안에 미션을 해결하고, 다음 단계로 이동한다.

④ 활동에 대한 성찰하기

· 단계별 시나리오 예시

1단계: 당신은 알지 못하는 곳으로 이제 막 떠나야 합니다. 당신은 고향으로 다시 돌아올 수 있을지에 대해서도 알지 못합니다. 당신이 사는 국가에 전쟁이 일어났습니다. 총격 소리가 들리고, 당신이 사는 곳 가까이서 싸움이 일어날 것입니다. 빨리 탈출해야 합니다. 트럭이 곧 도착하여 당신과 가족, 이웃들을 해변가로 데려갈 것이라고 들었습니다. 그리고 그곳에서 당신을 안전한 곳으로 데려다줄 보트를 만나기를 희망하고 있습니다. 낭비할 시간이 없습니다. 재빠르게 이동해야 합니다. 당신이 첫 번째로 해야 할 일은 당신의 긴 여정을 위해 짐을 싸는 것입니다. 물품 목록을 살펴보고 가지고 갈 물건을 고르세요. 무엇을 가져가야 할지에 관해 생각해보고, 나머지 가족들과도 상의해 보세요. 잊지 말아야 할 것은 당신이 챙겨 가는 물건이 들고 가기에 너무 무거울 수도 있고, 챙기기 어려울 수도 있다는 점입니다. 가지고 갈 물건 6가지를 받은 종이에 그릴 시간을 10분 주겠습니다. (10분간 상의하고 물건 그리기) 시간이 다 되었습니다!

…

6단계: 해안가에 고깃배가 정박해 있습니다. 그러나 배가 너무 작아서 4명 이상을 태울 수가 없습니다. 가족들을 4명씩 그룹으로 나눠야 합니다. 너무나도 어려운 결정을 해야 해서 당신은 화가 나고 괴로운 상태입니다. 함께 있고 싶고, 만약 나뉜다면 무슨 일이 일어날지 알 수 없어 두렵습니다. 그러나 당신에게는 달리 선택할 수 있는 방법이 없습니다. 그룹을 나눌 시간이 2분 있습니다. 누가 당신과 함께 가게 될지 결정하세요.

…

8단계: 배가 항해 중인데 파도가 거칠고 폭풍이 몰아칩니다. 곧 배가 새기 시작하고 물이 배안으로 들어옵니다. 당신은 가까스로 가방을 건졌지만 이미 물에 젖었습니다. 당신은 2분 동안 가방 안 물건을 확인하고 물에 젖어서 사용할 수 없는 물건을 버려야 합니다. (2분) 시간이 다 되었습니다.

…

9단계: 마침내 육지가 보이네요. 정말 힘들고 끔찍한 여정이었습니다. 당신은 따로 온 나머지 가족들에게 무슨 일이 생겼는지 궁금하고, 그들도 안전하게 도착했기를 기원합니다. 이제 무슨 일이 일어날까요? 당신은 알 수 없지만 그래도 평화와 안전이 있기를 소망해 봅니다. 이제 활동이 끝났습니다.

'On the Move Activity' 활동을 마친 학생들의 소감

난민들은 생각보다 어렵고 힘든 일에 처해있고, 이번 활동을 통해서 그들의 감정을 느껴보고 내 지난 행동들에 대해서 반성하는 계기가 되었다. 혹시 나중에 우리가 피난가게 될 경우엔 현명하게 행동해야겠다. 또 그 난민들의 어려움을 항상 잊지 않고 살아가야겠다.

이 난민체험을 해보니까 물론 우리는 웃으면서 금방금방 고민했지만 정말 난민이라면 너무 힘들고 스트레스 받을 것 같다. '가족'이라는 공동체가 이탈하고 잃어버렸을 때는 얼마나 슬플까. 마음이 아프다. 이것을 한 뒤 별 생각 없던 난민들에게 조금이나마 공감을 할 수 있게 되었고, 정말 난민이 된다면 너무 힘들고 나는 못 이겨낼 것 같다. 난민들에게 응원해주고 싶다.

'On the Move Activity' 활동을 통해 학생들이 난민의 상황을 체험해 보게 했다. 이 활동을 통해 학생들이 간접적으로나마 난민의 상황을 체험해보고 그들의 상황에 공감한 것을 성찰을 통해 관찰할 수 있었다.

2-3차시 프로젝트 안내 및 자료 조사

· 난민 관련 용어 정리 및 자료 수집

· 영어 사용면에서는 유엔난민기구(donors@unhcr.org)에 앞으로 난민 문제에 관심을 가지고 도움을 주겠다는 실천 의지를 담은 글쓰기, 이메일 쓰는 법, 난민 관련 다양한 표현들을 익히도록 했다. 'What does it mean to be a refugee?' 라는 TED-Ed 영상을 통해 난민 관련 영어 표현에 익숙해지도록 했고 유튜브 채널, 구글 검색, 유엔난민기구 사이트 등을 통해 난민 관련 자료를 학생들이 직접 조사하게 했다.

What does it mean to be a refugee? 영상 링크

4-5차시 이메일 보내기

· 대상 정하여 다짐하는 글쓰기

· 외국 난민 친선대사 / 유엔난민기구 담당자 / 난민 당사자에게 이메일 쓰고 보내기

· 난민에 대한 학생들의 공감을 바탕으로 Letters of Hope (https://c11.kr/af3u) 사이트를 통해 난민들에게 희망 메시지를 직접 전달하도록 계획했다. 처음 의도와는 달리 이 사이트에는 글자수 제한이 있어 100에서 150단어로 작성한 내용을 모두 담을 수가 없었다. 난민에 대해 조사하는 과정에서 알게 된 욤비 토나 교수와 난민 친선 대사인 정우성 씨에게 이메일을 보내고 싶다는 아이들도 다수 있었으나 그들과 연락이 닿을 방도가 없었다.

· 생각 끝에 모든 학생들이 유엔난민기구에 자신의 다짐을 적은 이메

일을 보내기로 했다. 다행스럽게도 자동응답시스템이 마련되어 있어 모든 학생들이 유엔난민기구로부터 감사하다는 답장을 받을 수 있었다. 답장이 오는 것을 보고 학생들이 신기해했다. 나중에 유엔난민기구 한국 담당자에게 전해 듣기로, 유엔난민기구 본부에서 한국의 많은 학생들의 격려의 이메일을 받고 기뻐했다고 한다. 그 소식에 내가 더 기뻤다.

다짐의 글쓰기

이메일 보내기

6-7차시 캐치프레이즈 만들기

· 난민 문제를 알리는 캐치프레이즈 만들기: 타이포그래피 활용하여 한 문장 이상 구성하기
· 난민 돕기에 시민들의 동참을 이끌어낼 수 있도록 캐치프레이즈를 만들어 짧은 영상으로 제작하였다. 난민은 단지 불쌍한 사람, 도와주어야 하는 사람이 아니라 우리와 같은 인간으로서 존중받아 마땅하며, 우리나라에 온 손님이니 두려워하지 말고 그들이 안전하게 있다가 자기 나라로 돌아갈 수 있도록 격려해 주자는 메시지가 많았다.

8-9차시 프로젝트 계획서 작성하기

학생들이 만든 캐치프레이즈

- 크라우드 펀딩을 위한 프로젝트 계획서 작성하기(국문/영문)
- 이 프로젝트의 수익금을 유엔난민기구에 기부한다는 전제에서 출발했다. 수익금을 기부한다는 사실에서 학생들이 세상에 긍정적인 영향을 미칠 수 있다는 깨달음을 얻게 되기를 바랐다.
- 모둠별로 네이버 해피빈 사이트에 펀딩 개설 신청을 하였으나 한 건도 승인이 나지 않았다. 학생들의 수업 과정을 영상으로 제작하고 설명을 덧붙여 교사가 다시 시도하였으나 역시나 승인이 나지 않았다. 한 건이라도 성공해서 펀딩이 진행되었다면 참 좋았겠지만 이런 과정을 통해서 학생들이 분명 깨달은 것이 있을 것이라고 믿는다. 학생들이 펀딩 개설 신청을 하기 위해 생각해낸 리워드 상품들 중 괜찮은 아이디어들은 유엔난민기구에 추천하기도 했다.

활동 과정을 담은 영상

· 프로젝트 진행 과정 전반에 대한 성찰 및 나눔

아쉬움을 달래는 아나바다 장터

펀딩 개설은 실패로 끝났지만 수익금 기부에 대한 의지를 포기하지 않고, 11월 학교 축제 때 아나바다 장터 부스를 운영하여 수익금을 유엔난민기구에 전달했다. 물품은 각반 학생들과 교사로부터 받았다. 들어온 물품들은 책, 문구, 구두, 가방, 의류, 생활용품 등이었다. 부스 운영은 영어 원어민 교사, 영어 수업 담당 교사들, 체인지메이커 기자반 동아리 학생 9명이 함께 했다. 학생들이 물품을 종류별로 분류하고 가격을 책정하고 판매를 담당했다. 인기 있는 물품은 몇 초만에 팔리기도 했는데 가격을 좀 더 높게 책정 할걸하고 아쉬워하기도 했다. 주로 인형과 문구가 잘 팔렸다.

남은 물품은 봉사단체에 기부했다. 부스 운영에 필요한 몇 가지 기념품을 유엔난민기구에서 지원해 주었다. 기념품을 나눠주는 방식도 학생들과 의견을 나누었다. 구입 금액에 따라 이벤트 참여도에 따라 기념품을 지급하기로 했다. 영어 원어민 교사에게 미리 퀴즈를 내달라고 부탁을 했고, 난민 관련 표현을 영어로 내고 맞추는 학생에게는 기념품을 제공했다. 교과 시간에 배운 내용이 부스 운영 활동에도 연계되도록 고심했다.

◎ 교과 세부능력 및 특기사항 예시

· 난민의 상황에 공감하고 그들을 돕기 위한 기부금을 마련하자는 취지의 '난민 프로젝트' 과정에서 유엔난민기구에 난민 문제에 관심을 가지고 도움 주겠다는 실천 의지를 담은 이메일을 보내고 답장을 받았으며 난민을 돕자는 뜻을 담은 캐치프레이즈를 만들고 난민 돕기 기금 조성을 위한 크라우드 펀딩 계획서를 작성함.

· '난민 프로젝트'를 통해 난민 관련 표현과 펀딩 개설 신청에 필요한 표현들을 익혀 올바르게 사용함. 펀딩 프로젝트 계획과 리워드 상품 만들기에 창의적인 아이디어를 냄. '난민 프로젝트'를 통해 다짐하는 글쓰기를 하고 다양한 어휘와 올바른 영어 표현으로 이메일을 작성함. 난민 관련 용어 정리 및 자료조사 활동에서 꼼꼼하게 자료를 정리하는 모습을 보였으며 이 활동을 통해 난민의 상황을 이해하게 됨.

· 난민의 상황에 공감하고 그들을 돕기 위한 기부금을 마련하자는 취지의 '난민 프로젝트' 과정에서 자신이 선택한 캐치프레이즈의 의미를 외국인에게 효율적으로 전달하기 위해 적절한 어휘를 사용하였을 뿐만 아니라 관련 있는 이미지로 시각화하여 구체적이고 가독성 있게 자료를 제작함.

· '난민 프로젝트'를 위한 자료 조사, 문제해결책 모색 등의 계획을 빠

장기 프로젝트 수업
(8차시 이상)

짐없이 체계적으로 잘 세워 주제와 조건에 부합하는 자료를 주어진 핵심 표현과 자신만의 재구성한 표현들을 활용하여 프로젝트를 수행함.

 성찰

◎ 교사 성찰

각 단계별로 우여곡절이 있었지만 실패라고 생각하지 않고 새로운 시도를 통해 학생도 나도 배우고 성장하는 기회가 되었다고 생각한다. 한 가지 예로, 학생들이 처음에는 부스 운영 꼭 해야 하냐고, 왜 하냐는 반응이었지만 부스를 준비하고 운영하는 과정에 즐겁게 기꺼이 참여하는 것을 보고, 교사가 어떤 경험과 환경을 제공하느냐에 따라 학생들의 태도가 달라질 수 있다는 것을 다시 한번 깨달았다. 난민 프로젝트와 난민 돕기 아나바다 장터는 연례행사로 진행해 볼 예정이다. 유엔난민기구와 계속 연락하면서 교실 수업에서 난민 문제를 다루는 데도 도움을 주고자 한다.

더불어 선생님들과의 협업의 중요성을 다시 한번 깨닫게 되었다. 두 반을 섞어서 세 반으로 나누어 분반 수업을 진행하던 상황이었다. 동 학년 두 분과 수업을 맞춰서 해야 하고 연구자가 디자인한 프로젝트이다 보니 주도적으로 진행해야 하는 상황이라 부담이 되기도 했다. 혼자 하는 수업이면 계획에서 조금 어긋나도 적절하게 수정해 나가면 되는데, 계획대로 진행되지 않을 때면 다른 두 분에게 혼란을 주고 있지는 않나 하는 걱정이 들기도 했다. 그러나 프로젝트를 진행하는 과정을 그때그

때 공유하고 이후 계획을 함께 고민하고 만들어 나가면서 좋은 아이디어가 나왔다. 서로 앞다투어 참고자료를 찾고 좋은 자료가 있으면 서로 추천하는 등 프로젝트를 진행하는 데 서로 도움이 되었다. 학생들 못지 않게 선생님들이 이번 프로젝트를 통해 난민 문제에 대해 관심을 가지게 되었고 관련 기사나 책, 자료 등을 많이 알게 되었다. 늘 학생들에게 협업을 강조하는데 이번 프로젝트 진행 과정을 통해 교사들 간에도 협업이 일어났다. 수업을 통해 학생들만 민주 시민 역량을 기르는 것이 아니라 교사도 성장하게 되는 것 같다.

참고로 필자가 해당 학교를 떠난 이후에도 매년 난민 프로젝트는 진행되고 있다.

◎ 학생 성찰

이○○: 평소에 난민이라고 하면 그냥 지나치고 말았는데 학교에서 난민 프로젝트를 하니 난민이 정확히 무슨 말인지도 알았고 크라우드 펀딩도 해봐서 영어뿐만 아니라 전체적으로 도움이 된 것 같아서 좋았다. 이를 통해 난민들이 이렇게 힘들게 살아가는지 몰랐는데 조금이라도 난민을 도와야겠다고 생각했다.

김○○: 나는 난민 문제를 알리고 난민 돕기 활동에 동참을 끌어내기 위한 캐치프레이즈가 가장 인상 깊었다. 왜냐하면 이게 난민들에 대해서 잘 알릴 수 있는 한 문장을 꾸미는 거여서 더 꾸미는 게 기억이 남았던 것 같다. 또 다른 친구들이 한 것을 보니까 난민에 대해 좋은 문장들이 많아서 인상 깊었던 것 같다. 영상을 촬영하여 홍보 영상으로 쓸 것이라고 하니 더 열심히 했던 것 같다.

송〇〇: 난민들이 무엇인지 알게 되었고 난민이 어떤 상황에 있는지 알게 되었다. 재미있었던 활동은 처음 영어 시간에 내가 직접 난민이 되어보는 활동이 가장 재미있었다. 우리나라 사람들도 난민이던 시절이 있었다는 것, 언제든 난민이 될 수 있다는 것을 알게 되었다.

최〇〇: 난민 체험을 하며 작게나마 난민의 입장이 되어볼 수 있어서 좋았고 이번 활동 시작 전에 유엔난민기구에서 보내준 물품도 보게 되어 좋았다. 다만 펀딩 개설을 처음 해보고 리워드 상품 구상도 처음 해보는 일이라 조금 어려웠다.

안〇〇: 리워드로 감사 메일을 보내겠다고 한 4모둠의 프로젝트 계획서가 마음에 들었다. 리워드 상품이 꼭 물건이 아닌 감사의 마음을 표현한다는 점이 신선했고 감사한 마음은 꼭 물건으로만 갚지 않아도 된다는 것을 배웠기 때문이다.

◎ **활동지 다운로드 경로**

9
외국인을 위한
커뮤니티 서비스

"

탐구

◎ 왜 이 프로젝트 수업을 시작했냐고요?

대구에 거주하고 있는 외국인의 입장을 공감하고 그들을 위한 공공서비스를 제안하는 수업이다. 영어학습 동기가 부족한 학생들에게 자연스럽게 영어 사용 기회를 주면서 학생들의 학습 결과가 실제 삶에 영향을 준다는 것을 심어주고 싶다는 평소 필자의 의도가 들어간 프로젝트라 할 수 있다. 이 수업은 비단 영어 교과뿐만 아니라 어느 교과에서든 시도해 볼만한 수업이고 학년 단위에서 체인지메이커 프로젝트 수업으로 진행해 봐도 좋을 주제라고 생각한다.

영어과에서 프로젝트 주제를 잡을 때 고민되는 것 중의 하나는 영어를 사용해야 하는 실제(authentic) 상황을 제시하는 것이다. 억지로 끼어맞추다 보면 학생들의 공감을 얻기 힘들고 동기부여도 잘되지 않기 때문에 학생들이 영어를 자연스럽게 쓸 수밖에 없는 상황을 설정하는 것이 영어 교사에게 가장 어려운 과제 중 하나이다. 학생들이 자연스럽게 영어를 사용할 수밖에 없는 상황 설정을 고민하던 중 대구에 살고있는 외

장기 프로젝트 수업 (8차시 이상)

국인을 인터뷰하고 그들의 상황에 공감하기를 생각해냈다.

인터뷰 진행 과정에서 영어 의사소통 능력 향상뿐만 아니라, 대구 거주 외국인들이 가진 문제점을 발견하여 해결책을 찾는 과정에서 공감, 지식정보처리역량, 자리 관리역량, 공동체 역량 등을 기를 수 있을 것으로 기대한다. 단지 수업 시간에 배우는 영어가 아닌, 실제 생활에서 영어가 쓰일 수 있다는 것을 학생들이 깨달았으면 하는 바람에서 이 수업을 구상하게 되었다.

실제 외국인 인터뷰를 통해 학생들이 외국인의 입장에 공감해볼 수 있는 기회를 줄 수 있었고, 인터뷰 과정을 통해 영어를 실생활에서 활용할 수 있다는 실용성을 깨달음과 동시에 성취감을 줄 수 있는 수업이었다고 생각한다. 그냥 단순히 교실 안에서 이루어지는 수업이 아니라, 외국인 인터뷰를 위해 거리로 나가고, 공감 캠페인을 위해 친구들과 선배, 교사들을 찾아가고 프로젝트 과정을 공유하기 위해 페이스북이나 SNS를 통해 외국인과 접촉해보려고 시도해 보는 등 평소에 하지 못했던 다양한 경험들을 통해 학생들이 많은 것을 느낄 수 있었던 수업이었다고 생각한다.

◎ **프로젝트 수업 개요**

1. 2022 개정 교육과정 성취 기준

[9영02-03] 친숙한 주제에 관해 사실적 정보를 설명한다.

[9영02-04] 친숙한 주제에 관해 경험이나 계획을 설명한다.

[9영02-10] 적절한 전략을 활용하여 상황이나 목적에 맞게 말하거나 쓴다.

[9영02-11] 상대방을 배려하는 태도로 말하거나 쓴다.

2. 프로젝트 수업에서의 탐구 질문

어떻게 하면 우리 지역에 사는 외국인들을 도와줄 수 있을까?

우리 지역에 사는 외국인들은 어떤 점을 불편해할까?

우리 지역에 사는 외국인들은 어떤 서비스를 필요로 할까?

3. 수행 과제(GRASPS 모델)

· Goal(평가 목표): 외국인의 입장을 공감하고 그들을 위한 공공서비스를 제안할 수 있다.

· Role(역할): 학생 자기 자신

· Audience(청중/대상): 동료 학생, 교사, 부모님, 원어민 영어 교사, 시청 관계자

· Situation(문제 상황): 우리나라에 거주하고 있는 외국인 수가 해를 거듭할수록 늘어나고 있다. 대구에 거주하고 있는 외국인 수도 늘고 있다. 대구에 거주하고 있는 외국인들이 가지고 있는 불편함은 없을까? 그들의 상황에 공감하고 그들이 가지고 있는 불편함을 해결해 줄 수 있는 방법을 함께 고민해 보고 해결책을 제안해 보자.

· Product(결과물): 영문과 국문으로 외국인을 위한 정책 제안서를 작성한다.

· Standards(평가 요소): 4번 프로젝트 쓰기 평가 기준과 동일

◎ **교과 융합, 타 교과 적용 아이디어**

· 대구에 사는 외국인에 대한 실태 파악 및 자료 정리: 사회, 역사과

· 국문 제안서 쓰기: 국어과

장기 프로젝트 수업 (8차시 이상)

· 공감 캠페인 자료 만들기: 미술과

· 공감 캠페인: 학생 자치회 등 학교 행사로 진행

 실행

◎ 프로젝트 수업 절차

1차시 프로젝트 주제 안내

· 공감하기, 문제 정의(발견)하기

· 대구에 거주 중인 외국인 인구 파악, 각종 통계 자료 찾아보기

· 다문화에 대한 영상이나 기사 제공

· 외국인들이 가질 만한 문제를 생각해보고, 그에 대한 해결책을 제시
  한다.

2차시 공감하기

각 조에서 정한 외국인에게 할 공감 인터뷰 질문 만들기

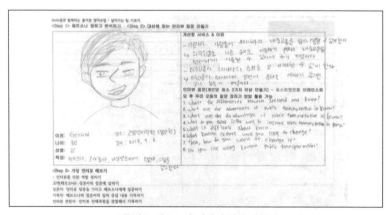

모둠별로 페르소나 정해서 질문 만들기

각 모둠에서 인터뷰할 대상을 정하여 페르소나를 분석한 후 페르소나에게 할 인터뷰 질문을 만들게 했다. 이 과정에서 학생들이 어떤 질문을 해야 할지에 대한 아이디어가 부족하거나 질문을 어떻게 만들어야 할지 몰라서 시간이 지체되는 경우가 있어 구글링을 통해 인터뷰에서 자주 쓰이는 질문을 예시로 제시하기도 했다. 학생들의 반응을 봐가면서 필요한 비계를 그때그때 제공하는 것이 프로젝트를 운영하는 데 있어 중요한 요소 중 하나임을 명심하자.

3차시 공감하기, 문제 재발견하기, 아이디어 내기 점검
· 인터뷰, 관찰, 체험을 바탕으로 자료 정리 및 추가 조사하기
· 프로토타입 아이디어 내기

각 모둠에서 인터뷰를 한 후 점검하는 시간이었다. 자신들이 만든 예상 질문을 벗어난 대답을 상대방이 했을 때 당황한 학생들도 있었다. 영어 실력이 그렇게 뛰어나지 못한 학생이 오히려 인터뷰에 성공한 경우가 많았다. 번역기를 써가며 지나가는 외국인을 붙들고 이야기 했다고 하는데, 이런 프로젝트를 통해 평소 수업 시간에 보지 못하던 학생들의 상황을 파악할 수 있고, 숨겨진 역량을 발휘하는 기회가 되기도 한다. 학생들이 의외로 길거리나 카페 등에서 전혀 알지 못하는 사람들에게 다가가 부끄러움을 무릅쓰고 인터뷰를 시도하고 성공했다는 점이 자랑스러웠다. 현장에서 바로 번역기를 돌려가며 대화를 시도했다는 포인트에서 학생들이 영어 실력을 떠나 위험을 감수하려는 자세와 문제해결력이 중요하다는 생각이 들었다.

장기 프로젝트 수업 (8차시 이상)

4~5차시 **아이디어 도출 및 프로토타입 만들기, 테스트하기**

· 과제수행계획서와 인터뷰 결과를 바탕으로 문제해결을 위한 프로토
  타입 만들기
· 어떤 공공서비스를 제공할지 모둠별 의견 모으고 공감 캠페인하기
· 공감 캠페인을 바탕으로 내용 수정 및 보완하기

  공감 캠페인이란 우리 모둠이 문제라고 생각하는 걸 다른 사람들도
그렇게 생각하는지 의견을 묻는 과정을 말한다.

프로토타입 아이디어 스케치에 따라 공감캠페인 자료 만드는 중 / 공감 캠페인

6차시 **퍼뜨리기, 테스트하기**

· 공공기관에 보낼 제안서 쓰기(홍보자료): 국문/영문 버전 작성하기

  대중교통, 언어사용, 인터넷 사용, 병원 이용, 신용카드 발급 등에 관한
의견이 있었다.

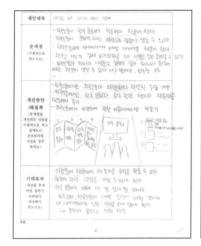

국문 제안서

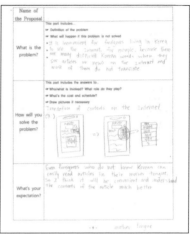

영문 제안서

공감 캠페인 자료 복도에 전시하여 퍼뜨리기

7차시 동료평가: 모둠별로 제작한 캠페인 자료 및 제안서를 모둠간 평가

· 퍼뜨리기

☑ 페이스북에 활동 내용 올리고 피드백 청함

☑ 시청에 학생들이 낸 아이디어 이메일 보냄

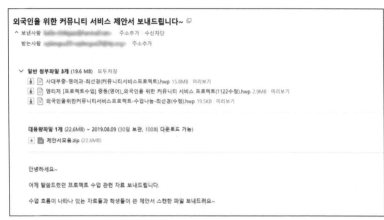

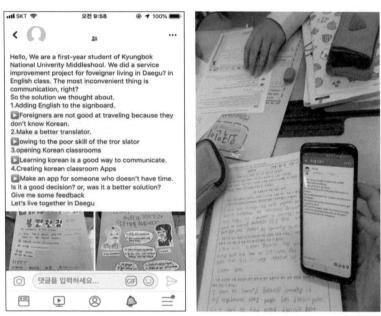

페이스북에 올리고 외국인에게 피드백 받음

　필자는 '실패한 프로젝트는 없다'고 생각한다. 이제까지 많은 프로젝트를 실행하면서 실패를 많이 해보면서 가지게 된 생각이다. 어떤 프로젝트든 실행 과정에서 예상치 못한 문제가 발생한다. 이번 프로젝트에서도 마찬가지였다. 학생들이 직접 페이스북에 글을 올리고 외국인들에게 피드백을 받게 하고 싶어서 대구 지역 외국인들이 모여있는 페이스북 그룹에 학생들을 가입시키려고 했다가 모임장에게 경고를 받았다. 미성년자들이 그 그룹에 들어와서 개인정보 유출 및 다른 문제가 생기면 당신이 책임지겠냐고 해서 뜨끔했다. 그 말도 일리가 있는 것 같아서 학생들 가입을 중단시키고 내 계정으로 글을 올렸다.

8차시 성찰일지 발표 및 프로젝트 마무리
· 영어로 소감문 작성이 가능한 학생들은 영어 소감문을 작성해보도록 독려하였다.

커뮤니티 서비스 프로젝트 활동 내용과 느낀 점을 정리해 봅시다.

I went to downtown to interview foreigners. There were many foreigners on the street. I met an American family. I asked them about inconvenience using public transportation in Korea. They said public transportation in Korea is really good. Their answers were different from that I expected. They said the problem is that the street is too dirty and there are too many cars on the street and in apartments. I'm not good at speaking English. But I could understand what they said in English thanks to translation machine. I felt proud of finishing the interview by myself. Based on the interviews and the information that we found, our team made prototype to notice the foreigners'problems living in Korea. I met many friends for a campaign.Through the campaign

I realized that our solution was reasonable. Thanks to this project I could learn how to make interview questions. It was first time for me to make prototype and campaign. It was really fun.

| 영어 소감문 예시 | 성찰일지 예시 |

◎ 교과 세부능력 및 특기사항

우수: 대구에 거주하고 있는 외국인의 입장을 공감하고 그들을 위한 공공서비스를 제안하는 프로젝트에서 공항에서 외국인을 위한 가이드북을 제공하자는 현실적이고 구체적인 정책을 제안하고 창의적인 사고력을 바탕으로 설득력 있고 공감을 이끌어내는 공감 캠페인 자료를 만들어 친구들의 지지를 받음. 프로젝트 과정에서 다양한 정보를 활용하여 한국에 거주하고 있는 외국인들의 불편함을 조사하여 분석은 물론, 타당하고 구체적이며 설득력인 정책을 담아 가독성 있게 제안서를 작성함. 또한 모둠원과의 협력을 이끌어 내기 위해 모둠원들의 의견에 적극

적으로 격려하고 지지해 주는 발언을 자주 하였으며, 외국인과의 인터뷰를 위한 사전 인터뷰지 만들기에서부터 외국인과 약속 잡기, 실제 인터뷰 등 주도적인 역할을 하되 모둠원이 함께하는 협력적 분위기를 조성하는 모습이 매우 인상적이었음. 인터뷰 질문지, 제안서, 공감 캠페인 자료 등에 들어갈 영어표현을 정확하게 사용함.

보통: 대구에 거주하고 있는 외국인의 입장을 공감하고 그들을 위한 공공서비스를 제안하는 프로젝트에서 외국인 전용 신용카드 발급 서비스를 만들어야 한다는 현실적이고 구체적인 정책을 제안함. 프로젝트 과정에서 다양한 정보를 활용하여 한국에 거주하고 있는 외국인들의 불편함을 조사하여 분석은 물론, 타당하고 구체적이며 설득력인 정책을 담아 가독성 있게 제안서를 작성함. 인터뷰 질문지, 제안서, 공감 캠페인 자료 등에 들어갈 영어 표현을 정확하게 사용하려는 노력을 보임.

미흡: 대구에 거주하고 있는 외국인의 입장을 공감하고 그들을 위한 공공서비스를 제안하는 프로젝트에서 외국인 전용 교통카드를 만들어야 한다는 구체적인 정책을 제안하고 캠페인 자료를 만드는데 참여함. 인터뷰 질문지, 제안서, 공감 캠페인 자료 등에 들어갈 영어 문장을 작성하는데 어려움을 보였으나 친구와 선생님의 도움으로 과제를 수행함.

장기 프로젝트 수업
(8차시 이상)

✏️ 성찰

◎ 교사 소감

이번 프로젝트 수업은 중학교 1학년을 대상으로 했는데 진행 과정이 쉽지 않았다. 수업 방향은 맞는지, 영어 공부가 되고 있는지, 제대로 진행하고 있는지 등 때때로 불안한 마음이 들기도 했다. 학생들이 퍼뜨리기 (홍보) 활동 중에 직접 대구 거주 외국인들의 페이스북그룹에 글을 올렸는데, 게시물이 그룹 성격에 적절치 못하다고 당장 내리라는 경고를 받기도 했다. 그래도 성찰일지에 적힌 학생들의 소감을 보고 이 프로젝트를 잘 진행했다고 판단했다. 거리에서 외국인을 인터뷰하고 친구·선배·교사들의 공감을 이끄는 캠페인을 전개하면서, 또 프로젝트 과정을 SNS에 공유하는 등 다양한 경험을 통해 학생들은 영어가 왜 필요한지를 알게 되었고, 자신감과 성취감을 얻었다. 교사로서 앞으로도 기존 틀에서 벗어나, 교과 경계를 넘어 좀 더 현실에 맞닿아 있는 프로젝트를 진행하리라 다짐하는 기회가 되었다. 프로젝트 수업은 어느 교과에서나 시도할 수 있다. 학년 단위로 이 수업을 진행해도 좋을 것이다.

◎ 학생 소감

안○○: 여러 가지 영어 단어를 알게 되었고 이 프로젝트를 통해 외국인들이 우리나라의 불편한 점이 조금 있다는 것을 알게 되어 그 문제점들을 바꿨으면 좋겠다고 생각했다.

윤○○: 이번 활동을 하면서 나는 우리나라의 성차별이 거의 없다고 생각했는데 다른 나라에서 온 외국인들이 우리나라에서 살면서 성차별 때문에 불편함을 느끼고 있다는 것을 알게 되었고 앞으로는 나도 성차별을 무의식적이라도 하지 않도록 노력해야겠다고 느꼈다.

장○○: 영어를 배우는 방법이 어렵고 딱딱할 줄 알았는데 쉽고 재미있고 활동적이고 이런 식으로 다른 과목도 공부해 나간다면 다른 과목은 쉽게 접하고 배울 수 있을 것 같다.

이○○: 외국인과 대화하는 것은 어렵고 무서운 일인 줄 알았는데 실제로 대화해보니 생각보다 어렵고 무섭지 않았다. 외국인과 대화해보면서 정확한 발음도 알게 되었고 내 생각보다 인종차별 문제가 심각하다는 사실을 알게 되었다.

김○○: 지금까지 신경 쓰지도 관심을 가져본 적도 없었는데 이번 프로젝트를 하면서 외국인들이 우리나라에서 대중교통을 이용하는 데에 생각보다 많은 불편함을 겪고 있다는 것을 알았다.

◎ **활동지 다운로드 경로**

장기 프로젝트 수업 (8차시 이상)

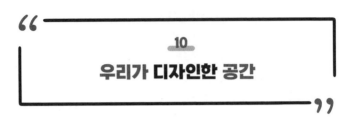

10
우리가 디자인한 공간

🔍 탐구

◎ 왜 이 프로젝트 수업을 시작했냐고요?

학생들의 선택권을 극대화한 프로젝트 수업을 진행해 보고 싶었다. 디자인씽킹 절차를 적용한 프로젝트 수업을 진행해 보고 싶었는데 가장 손쉽게 접근할 수 있는 방법이 눈에 보이는 공간인 것 같아서 학생들이 바꾸고 싶은 공간을 디자인하는 프로젝트 수업을 구상하였다. 기존에 진행된 프로젝트들에서 아이디어를 많이 얻어서 진행했다. 학생들의 삶과 밀접한 관련이 있는 주제라 학생들의 참여도가 높을 것으로 기대했다.

◎ 프로젝트 수업 개요

1. 2022 개정 교육과정 성취 기준

[9영02-06] 친숙한 주제에 관해 자신의 의견을 주장한다.

[9영02-09] 적절한 매체를 활용하여 정보 윤리를 준수하며 말하거나 쓴다.

2. 프로젝트 수업에서의 탐구 질문

· 어떻게 공간을 구성하면 우리가 생활하는데 더 편리할까요?

· 우리 학교에서 바꾸고 싶은 공간은 어디인가요?

3. 수행 과제(GRASPS 모델)

· Goal(평가 목표): 공간 활용의 효율성에 대해 생각해보고 공간디자인 아이디어를 시각화하여 제시할 수 있다.

· Role(역할): 학생 자기 자신

· Audience(청중/대상): 동료 학생, 교사, 원어민 교사

· Situation(문제 상황): 학교나 지역사회에서 생활하면서 불편함을 느낀 적이 있나요? 우리가 매일 사용하는 공간 어떻게 바꾸면 좋을지 아이디어를 내 봅시다.

· Product(결과물): 공간디자인 도면, 제안서

· Standards(평가 요소): 3번 프로젝트와 동일

◎ 교과 융합, 타 교과 적용 아이디어

· 공간디자인: 기술과

· 프로토타입 및 공감 캠페인 자료 만들기: 미술과

· 우리 모둠 주제 정하기: 국어과

장기 프로젝트 수업 (8차시 이상)

실행

◎ 프로젝트 수업 절차

1차시

1. '디자인걸스' 라는 동아리 활동 소개 영상 보면서 디
   자인씽킹 절차 경험하기

공감하기, 프로토타입에 대한 개념을 영상을 통해 쉽게

확인할 수 있었다.

 학생들의 집중력을 높이기 위해 영상을 보면서 알게 된 사실들을
기록해 보도록 하는 것도 좋겠다.

2. 체인지메이커 유스벤쳐 활동 영상 보며, 한국에서의
   활동사례 체험

3. 공간디자인에 대한 예시 두 개 보여준 후 교실, 학교, 지역사회 등 우
   리 주변에서 바꾸고 싶은 공간디자인을 해보기로 함.
   ① 아이들의 창의성 관점에서 꾸민 농구장(컬러 프로젝트)
   ② 놀이 자체에 집중해서 새롭게 만듦 Contextual Inquiry 방법론을
      이용해 아이들을 위한 놀이터 만들기
   ③ 21세기 교육 패러다임_세계의 PBL 11부: 뉴질랜드 친환경 놀이터
      프로젝트

농구장 꾸미기   놀이터 만들기   친환경 놀이터 프로젝트

4. 공간디자인에 대한 1인 1아이디어 스케치

2차시

1. 개인별 아이디어 공유

이전 시간에 작성했던 개인별 아이디어를 칠판에 모두 붙여놓고 갤러리 워크 형태로 공유.

이 시간이 더 의미있게 다가온 건, 학생들 하나하나의 아이디어를 볼 수 있고, 의외로 학생들이 친구들의 아이디어에 정말 진지하게 피드백을 주는 모습을 보고 흐뭇했다. 생각보다 소란스럽지 않게 칠판에 붙어서서 친구들 아이디어를 읽어보는 것을 보고 우리 아이들이 한 학기 동안 참 많이 성장했다는 것을 느낄 수 있었다.

2. 친구들에게 가장 많은 피드백을 받은 아이디어들은 따로 앞에 나와서 발표하기도 했다.

3. 비슷한 아이디어를 낸 친구들끼리 같은 모둠 구성
모든 학생이 포스트잇에 자신의 의견을 적어 피드백을 주는 형태로 공유한 후 비슷한 아이디어를 낸 학생들끼리 모둠 구성

친구들 아이디어를 보고 피드백 중

3차시

1. 스케치북 첫 장에 모둠명, 모둠원, 모둠 구호 등을 정하여 적도록 함.
· 시간이 넉넉하다면 첫 모둠 구성 후 팀빌딩 활동을 하고 진행하는 것이 이후 수업 진행에 더 도움이 된다.

2. 모둠별 아이디어 스케치
· 개인 아이디어를 합쳐서 새로운 아이디어를 내든지 한 아이디어를 더욱 발전시키도록 함.

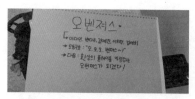

모둠 이름 정하고 구호와 다짐 남기기　　　　모둠 아이디어 정리

4차시

프로토타입 만들기: 4절지에 공간 설계도를 완성하도록 하였고 영화 포스터와 영자 신문에서 필요한 부분 잘라서 활용하게 하였다.

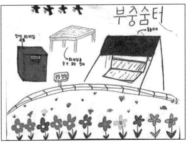

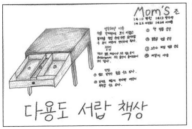
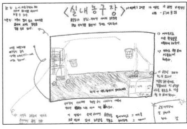

장기 프로젝트 수업 (8차시 이상)

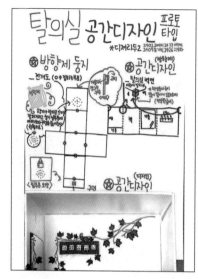

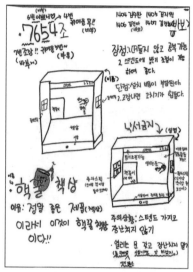

5차시

① 프로토타입 발표

② 동료평가 및 피드백을 참고하여 프로토타입 수정하기

③ 1~4차시 공간디자인 프로젝트 진행 후 모둠별 소감 적기

· 모둠별로 프로토타입 발표 후 청중들이 질문을 하기도 하고 아이디
  어를 덧붙이기도 하였는데 나름 진지한 대화가 오고 가서 놀랐다.

· 다른 모둠 친구들에게 얻은 아이디어를 바탕으로 자신들의 프로토
  타입을 보충할 아이디어를 정리하도록 유도하는 것이 좋다.

· 차시별로 낱장으로 활동지를 주지 않고 전체 프로젝트 진행 과정이
  스케치북에 드러날 수 있도록 하였다.

프로토타입 발표

프로토타입 보며 설명 중

발표 후 피드백을 바탕으로 수정

성찰 나누기

6~7차시

① 영어 스크립트 작성하기

② 원어민 선생님 시간에 영어발표 리허설 및 피드백 받은 내용으로 스크립트 수정

③ 모둠별 영어발표 영상 촬영 연습

· 원어민 선생님이 모둠별로 돌아보면서 학생들이 만든 영어 표현에 피드백을 주었다. 원어민 선생님에게도 아이들의 공간디자인 의도가 전해졌다는 점이 신기했다.

· 전체적으로 아이들 목소리가 너무 작고 웅얼거리는데 프레젠테이션 하는 법은 앞으로도 꾸준히 연습시킬 필요가 있는 것 같다.

· 어떤 문장들은 무슨 의도인지 몰라 고쳐주지 못했다. 번역기를 현명하게 잘 사용하는 법을 좀 더 연습시켜야겠다.

영어로 발표하는 장면

8차시

① 프로토타입 프레젠테이션 영상 촬영

· 프레젠테이션 영상 모음 QR코드

· 학생들이 모둠별로 작성한 프리젠테이션 스크립트는
우측 링크에서 볼 수 있습니다.

② 공감캠페인을 위한 자료 제작

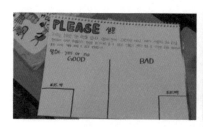

9차시 공감 캠페인

　쉬는 시간과 점심시간을 활용해 1, 2, 3학년 학생 최소 다섯 명 이상을
만나 우리 모둠 프로토타입을 설명하고 공감 스티커를 받아오도록 하
였다.

10차시

① 성찰일지 쓰기

② 전체 공유: 1~9차시까지 진행된 절차를 돌아보고 프로젝트에 대한
성찰일지 쓰기

개인적으로 프로젝트 전체 진행 절차 중 가장 중요한 단계가 이 단계라
고 생각한다. 학생들이 자신을 되돌아보고 자신의 생각을 표현할 수 있는
시간을 주는 것이 학생들의 성장에 가장 큰 도움이 될 수 있다고 믿는다.

◎ 교과 세부능력 및 특기사항

· 공간디자인 프로젝트에서 탈의실(농구장, 휴식 공간, 책상, 세탁소) 공간
혁신 아이디어를 제시하고 가독성이 높은 모형을 제작하여 친구들
의 호응을 얻음.

· 공간디자인 프로젝트에서 모둠에서 제시한 아이디어를 바탕으로 디
자인 모형을 제작하는데 성실하게 참여하였으며 디자인 의도가 잘

장기 프로젝트 수업 (8차시 이상)

드러나게 스크립트를 작성하고 전달력 있게 발표함.

· 반 친구들에게 자신의 모둠이 제안한 공간 디자인을 발표하는 활동
  에서 대체로 정확한 문법 구조를 사용하여 내용을 효율적으로 전달
  하였으며 정확한 발음과 억양으로 의견을 잘 전달함.

· 공간디자인 프로젝트에서 프로토타입 만들기, 공감 캠페인 자료 만
  들기 등에서 내용을 시각화하는 능력을 보임.

 성찰

◎ 교사 소감

기대하지도 않았는데 시키지도 않았는데 탈의실 모형을 만들어온 모
둠이 있었다. 실제 거울까지 붙여넣고 탈의실 내부까지 꾸며온 아이들
을 보며, '와, 이렇게까지 안 해도 되는데 시간 많이 걸린 거 아니야?' 라
는 걱정의 말을 건넸을 때 '우리 이거에 꽂혀서 재미있어서 같이 남아서
만들었어요.' 하고 좋아하는 학생들을 보며 '역시 흥미가 생기니 시키지
않아도 몰입하는구나' 를 새삼 느낄 수 있었다. 모둠별로 학생들 성향별
로 참여도에 차이가 있는데 이를 어떻게 조율해나갈지는 늘 고민이다.

◎ 학생 소감

▶ 이번 공간디자인 프로젝트 외에 내가 바꾸어보고 싶은 문제는?

김○○: 매점에 있는 앉을 수 있는 곳 위에 햇빛이나 비를 막을 수 있는

것이 만들어졌으면 좋겠습니다. 왜냐하면 비가 오거나 하면 나무가 젖어 앉을 수 없게 되고, 너무 더우면 햇빛이 너무 밝아 덥기 때문입니다. 햇빛이나 비를 막을 수 있는 것이 만들어진다면 조금 더 편하게 사용할 수 있을 것 같습니다.

신○○: 교실 내에서 뛰어다니는 친구들이 많은데, 뛰어다니다가 물건에 걸려 넘어지면 의자나 책상 모서리에 부딪혀 크게 다칠 수도 있다. 따라서 가장 위험한 책상 모서리를 딱딱한 재료보다는 푹신한 재료로 바꿨으면 좋겠다.

윤○○: 친구들 사이의 질서 문제나 모둠 활동 시 일어나는 문제들을 바꿔 보고 싶다. PBL로 인해 스트레스 받고 곤란해하는 친구들이 많기 때문이다. 친구들과 의논해서 그런 문제들을 고쳐나가고 싶고, '공감 캠페인' 처럼 친구들에게 '어떤 것이 가장 큰 문제일까요?' 라는 질문을 만들어 어떤 것이 문제인지부터 친구들의 의견을 수용해 문제를 해결해 나가고 싶다.

손○○: 학교에 오는 처음 감정은 보통 '힘들어', '피곤해', '집에 가고 싶어' 등으로 생각한다. 그런 생각들을 바꾸어 학교에 올 때는 '즐거워' '돌아가고 싶지 않아' 등으로 바꾸고 싶다. 그래서 즐거운 학교를 만들었다면 이번에는 교육법을 바꾸고 싶다. 토론하며 재미있는 학교 수업을 하는 것이 좋을 것이라 생각한다.

▶ **공감 캠페인을 하면서 무엇을 배우고 느꼈나요?**

신○○: 공감 캠페인 전에는 다른 사람들이 생각하기에 우리 모둠의 디자인이 어떨지 평가받을 생각을 하니 조금 떨렸지만 대부분의 사람들이 우리가 만든 아이디어에 호감을 보여서 뿌듯했고 기분이 좋았다.

윤○○: 우리끼리 의논할 때는 인식하지 못했던 여러 가지 문제점과 장점이 무엇인지 알 수 있었다. '여러 사람의 의견을 수용해서 만드는 것이 중요하구나' 라는 생각을 했고 그것들을 보수해 더 나은 작품을 만들고 싶었다.

▶ **과제 수행 중 본인에게 가장 의미 있거나 재미있었던 활동은?**

송○○: 영어발표 모둠별 촬영 및 공감 캠페인이다. 발표할 때는 막상 부끄러웠지만 최종적으로 우리 모둠의 아이디어를 한껏 빛내며 내세울 수 있었고 촬영 및 공감 캠페인 또한 신기한, 색다른 경험이 된 것 같아 뿌듯하고 기뻤다. 계속해서 이것을 제출하기 위해 피나는 노력을 했지만 끝나니 아쉽기도 하고 다음번에 꼭 할 수 있으면 좋겠다는 생각이 난 시기라서 가장 의미 있었다.

이○○: 나는 프로토타입 만들기와 공감 캠페인이 가장 재밌던 활동이었다. 왜냐하면 우리 모둠의 아이디어가 생각으로만 있는 것이 아니고 직접 작품을 만들어 친구들에게 보여줄 수 있었기 때문이다. 또 우리 반 친구들에게만 알리는 것이 아니라, 공감 캠페인을 통해 학교 선배들과 다른 반 친구들에게까지 아이디어를 소개할 수 있어 뜻깊었기 때문이다. 그래서 정말 체인지메이커가 된 것 같아서 재밌었다.

▶ 이번 과제를 통해 무엇을 배우고 느꼈나요?

전○○: 우선 이번 과제를 통해 우리 모둠이 협력이 많이 제대로 안 된 것에 대해 너무 아쉬웠고 이야기가 잘 통하지 않았던 것이 나의 노력도 많이 부족해서 그런 것 같다고 생각한 과제이다. 하지만 이번 계기를 통해 우리 모둠의 문제점을 확실히 잡을 수 있어 다음부터는 똑같은 실수를 안 하게 할 수 있고 문제해결 능력도 더 성장하게 된 것 같아 뿌듯한 과제였다. 다음 과제는 아쉬웠던 점이 많은 만큼 더 열심히 제대로 해야겠다.

이○○: 일단 친구들과 이야기하고 이런 활동을 했던 것 그 자체가 재미있었고 난 이렇게 생각하는데 다른 친구들은 또 다른 생각을 하고, 난 생각하지 못한 아이디어도 내어서 신기하고 좋았다. 그리고 친구들과 협력하면 더 좋은 디자인을 그릴 수 있고 색다른 작품을 만들어낼 수 있다는 걸 알게 되었다.

▶ 가장 인상 깊은 작품 1편을 선정한 후 선정 이유와 그 작품을 통해 새롭게 알게 된 사실, 배운 점 등을 적어봅시다.

박○○: 나는 '세탁소' 작품이 가장 마음에 들고 인상 깊었다. 왜냐하면 특히 체육 수업이 끝나면 땀이 많이 나서 냄새도 나고 때도 많이 타 있어서 옷을 갈아입는데 매번 그렇다 보니 힘들 때가 많았다. 그런데 학교에 세탁소가 있다고 생각하니 굉장히 편리할 것 같았다. 대부분 세탁기는 집에서만 사용할 수 있다고 생각하는데 그러한 틀을 깬 것 같아서 매우 본받을 점이라고 생각한다. 나도 급식실에서 옷에 음식을 흘려 곤란했던 적이 있었는데 그런 상황에 처한 친구들을 위해 '세탁소'를 만든다는 점에서 참신하고 기발한 것 같았다.

│ 최선경 선생님의 원격연수 〈프로젝트 수업 어디까지 해봤니?〉와
프로젝트 수업 현장 연수를 체험한 선생님들의 후기 모음

고등학교의 경우 세특 활동을 따로 마련하지 않아도 프로젝트 활동 중에 평가를 활용할 수도 있다는 관점의 변화를 경험했다. 항상 프로젝트 결과물을 평가해야 한다고 생각해서 수업에 활용할 용기가 나지 않았는데, 나도 한 번, 하는 생각이 들었다!

조금 늦은 감이 있지만 올해 교육과정 재구성에 관심을 가지기 시작하면서 방학 내내 다양한 연수 활동 중인 교사이다. 최선경 선생님의 프로젝트 수업 강의를 들으며 우리도 학창 시절에 이런 교육을 받았다면 얼마나 좋았을까? 요즘 학생들은 그리고 자라나는 학생들은 다행이다, 하는 생각으로 열심히 메모하며 강의를 들었다. 덕분에 연구하고 실천하는 교사가 되기로 다시 다짐해 보는 소중한 시간도 가질 수 있어 좋았다. 연수 중 가장 마음에 와닿았던 건 '내가 가르치는 학생이 자존감이 높고 의사소통 능력이 우수하며 대인관계 기술이 좋으며 등등 이러한 학생으로 자랐으면 하고 구상은 하지만 정작 그런 아이로 만들기 위한 수업을 하고 있느냐?' 하는 부분이었는데, 그야말로 마음의 울림을 느꼈다. 실제 현장에서 선생님처럼 하려면 시행착오가 많겠지만, 실천하는 교사가 되기로 다시 다짐해 본다. 선생님의 교육철학이 나비효과를 일으켜 이 땅의 모든 교사에게 펼쳐지길 바란다.

방학 동안 이 연수를 통해서 학생참여중심 수업에 대해서 많이 고민하게 되었고, 덕분에 2학기 수업을 준비된 교사의 모습으로 시작할 수 있었다. 간단한 활동으로 모든 학생의 능동적, 자발적 참여를 이끌고 그 가운데 내가 전달하고자 하는 주제를 자연스럽게 입힐 수 있었다. 특히 실제 수업에서 바로 적용가능한 프로젝트 수업 사례의 명쾌한 소개가 좋았다. 연수 때 나온 수업들은 추후 내 수업에도 꼭 적용해 보고 싶다. 오랜만에 만난 복습을 부르는 이 강의를 나의 동료와 친구들에게 강추한다.

막연했던 프로젝트 수업에 대해 자신감을 더해준 연수였다. 이 연수를 들으며 프로젝트 수업을 기획하여 실시 중이다. 조용했던 교실이 시끌벅적해져서 좀 당황스럽지만, 그래도 계속 시도하며 나만의 방법을 찾아나가고자 한다. 유용한 수업자료를 공유해주셔서 든든했다. 프로젝트 수업을 해보며 교사로서의 새로운 도전도 시작하게 된 것 같아 매우 뜻깊은 시간이었다.

프로젝트 수업을 처음 해보거나 프로젝트 수업을 '제대로' 해 본 경험이 없는 분들에게 도움이 될 거라 확신한다. 거창한 주제나 결과물이 아니더라도 부담 없이 시도할 수 있다. 일단 한번 해보면 자신에게 맞는 방법을 찾아낼 수 있다. 먼저 해보는 것이 중요하다.
프로젝트 결과물을 받아 점수를 내고 수업을 끝내는 경우가 많은데 '제대로' 된 프로젝트 수업에서는 동료평가와 성찰을 강조한다. 수업 결과물이 나오기까지의 과정도 중요하지만, 학생들이 결과물을 공유하는 과정에서 배우는 점이 더 많다. 교사가 하나하나 지적하지 않아도 결과물을 공유하는 과정에서 학생 스스로 자신의 부족한 점을 깨닫게 되는 경우가 많다. 동료평가 과정에서 비판적 사고를 배울 수 있다. 성찰의 중요성은 말할 필요도 없이 중요하다.

학생 주도성: 프로젝트에 참여한 가장 중요한 이유는 학생의 주도성이었다. 그동안 프로젝트 연수에 관련된 책도 보고, 연수도 참여했지만, 참여자 전원이 각각의 관심 주제에 대해 토론을 진행하고, 의견을 제시하며 프로젝트에 참여한 경험은 아주 색다르고 프로젝트의 진정한 알맹이를 '톡' 씹은 느낌이었다. 특히 1~4단계 프로젝트 활동지는 배우는 입장에서 아주 효율적으로 프로젝트를 진행하기 쉽게 도와주는 자료로 인상적이었다.

둘 가고 둘 남기: 제주도 일정 만들기 진행 과정에서 어려움을 겪을 때마다 팀원들끼리 의견을 공유하고 함께 문제를 해결하는 노력을 해보았다. 항상 교사 입장에서 " ~을 해라"하고 둘 가고 둘 남기를 시키기만 하는 입장이었는데, 직접 해보니 책에서만 보던 동시다발적인 상호작용, 개인적 책임, 사회적 기술, 의사소통능력 등을 바로 체감할 수 있었고 특히 개인적 책임감이 수직 상승 되었다.

학생 입장 돼보기: 활동을 통해 교사로서 학생들의 입장을 이해하는 것이 중요하다는 것을 다시 한번 느꼈다. 둘 가고 둘 남기를 통해 타인의 설명을 듣고 즉시 판단하고, 피드백을 주는 것이 상당히 어려웠고 시간이 많이 필요하다는 것도 알았다. 그리고 무엇보다 학생들은 자신의 아이디어가 프로젝트

에 반영되고 그 결과물에 기여하는 것에 대한 만족감을 느끼며 자신감을 키우고 또, 프로젝트를 통해 실제 문제 해결 과정에 참여함으로써 교과서 텍스트에서만이 아니라 실제 현실 세계에서의 경험을 쌓을 수 있는 소중한 기회를 가질 수 있겠다는 것도 알게 되었다. 단순 교과서 수업만 듣고 자란 학생들에 비해 프로젝트 수업을 한 학생들이 훨씬 더 주도적이고 문제해결 능력이 향상될 수 있겠다는 생각도 했다.

결론: 이번 프로젝트 연수는 학생들의 주도성을 발휘할 수 있도록 교사의 비계 설정이 중요하고 프로젝트를 처음 접하는 교사들에게 나아갈 수 있는 발판을 제공해 주었다.

프로젝트 수업 자체가 학생들이 주도적으로 이끌어가면서 선생님이 만들어 놓은 환경에서 자유자재로 확장, 추가하는 학습이라는 것을 깨닫게 된 점이 좋았다! 2학기 때는 시행착오를 겪더라도 우리 아이들을 믿고 아이들이 할 수 있을 거라는 기대에 부응하도록 좋은 수업환경 구성과 활동들을 남은 방학 동안 고민해야겠다!

학생들의 주도성을 키우기 위해서는 교사의 전문성을 키우기 위한 주도성 또한 필요하다. '이렇게까지 해야 하나' 하는 생각은 버리고, 어떻게 하면 학생들의 삶과 연계하여 직접적인 흥미를 끌고 주도적으로 참여할 수 있을지 늘 연구해야 한다는 걸 알게 되었다.

연수를 통해 프로젝트 수업의 다양한 사례들을 접할 수 있어서 좋았다. 특히 프로젝트 진행 시 가상의 상황이 아닌 실제 상황, 적용 가능한 수업으로 설정한 것에 많은 인사이트를 얻었다. 수업 사례뿐만 아니라 강의 시작할 때 아이스 브레이킹 활동은 진짜 수업 시간에 적용하면 너무 좋을 것 같다.

구체적인 결과물을 만드는 것이 아이들에게 강력한 동기를 부여할 수 있다는 점을 다양한 사례를 통해 알게 되어 좋았다.

수업 때 배운 것뿐만 아니라, 다양한 주제, 분야와 엮어서 프로젝트 수업을 계획할 수 있다는 것을 배울 수 있어서 너무 좋았다. 고등학교에선 아무래도 생기부 기록을 배제할 수 없는지라, 아이들의 진로, 흥미와 적절히 엮을 수 있는 영어 프로젝트를 기획해서 진행하고 싶다.

아이들에게 실제 삶과 연계된 목적을 제시하는 것이 학습 참여도와 몰입도를 높인다는 것을 실감한 소중한 시간이었다.

아이들이 즐겁게 영어 수업을 받으며, 난민 율동이나 책자 만들기 같은 활동에 참여할 수 있다는 것을 알게 되었다. 아이들의 주도성과 창의성을 조금 더 믿어주고, 아이들이 즐겁게 배울 수 있는 수업을 위해 노력하는 교사가 되어야겠다고 다짐했다.

"1001 stories 프로젝트"를 실제로 한번 도전하고 싶다. 학생들이 시각적인 요소가 들어가 있는 결과물을 만들 때 더 완성도를 높이게 할만한 동기부여의 근거가 부족했는데, 스케일이 큰 전시, 외부 공유의 형태 말고도 L자 파일 만들기 정도는 큰 품을 들이지 않고도 시도할 수 있을 것 같아 좋았다. 오늘의 경험에 머물지 않고, 꼭 시도해 봐야겠다.

평소에 PBL에 대해서 관심이 많았는데 PBL이라 생각하지 않았던 주제도 PBL이 될 수 있다는 걸 새롭게 알게 되었다. 평소 여행에 관심이 매우 많은데, 여행가이드가 된 것처럼 여정을 짤 수 있어서 더 좋았다. PBL이란 용어가 어렵게 느껴질 수 있는데, 가장 친숙한 여행이란 소재로 쉽게 다가갈 수 있어 더 좋았다. GRASPS는 이전 연수에서도 배운 적이 있었는데, 오늘 연수를 통해 명확하게 알게 되었다. GRAPS 모형을 적용한 수행평가들은 이번 학기 평가계획에 반영해 실행해 보고, 영어과 선생님들과 의견 교환하는 협의 시간도 가질 예정이다.

실제적인 결과물이 있다는 게 좋았다. 게스트 하우스 벽면 등 리플릿을 실제로 게시한 게 인상 깊었다.

학생들의 결과물을 평가만 하고 끝내는 게 아니라, 실제로 전시하거나 이메일을 보내는 등 삶과 연계되는 게 좋았다. 2학기 때는 학생들 간 공유하는 시간과 성찰일지를 작성하는 추후 활동까지 진행하고 싶다.

항상 학기말 시간이 없다는 이유만으로 아이들의 결과물 모음집을 공유하고 싶어도 공유할 수 없었는데, 올해는 학생들 졸업할 때 졸업식 가방 속에 영어 책자를 한 권씩 넣고 졸업시켜야 겠다.

프로젝트 수업은 왠지 막연했었는데, 이전에 했었던 주제들을 확장해 프로젝트로 만들 수 있다는 점을 알게 되었다. 학교로 돌아가서 프로젝트 수업을 계획한다면, 오늘 배운 내용을 최대한 적용해서 구상할 것 같다.

프로젝트 전반적인 진행 과정을 상세히 알려주셔서 시도하는데 큰 도움이 될 것 같습니다. 작은 프로젝트도 결과물을 성찰하고 누군가에게 도움이 되는 것이라면 충분히 시도해 볼 수 있겠다는 생각이 들었다. 덕분에 자신감을 가질 수 있는 시간이었다. 감사합니다~

다양한 인접 국가들과의 국제 정치적 갈등 문제를 홍보하고, 해결책을 제안하는 팜플릿을 제작하는 유사한 프로젝트 활동을 진행한 적이 있었다. 하지만 그때는 나누는 활동이 중요하다는 것까지는 생각이 미치지 않았는데, 실제 쓰임이 있을 것 같은 공간에 작업물을 비치해 아이들이 성취감을 느낄 수 있게 했다는 것이 작지만 큰 차이다. 동료를 평가하는 방식 또한 협업한 것을 모둠 내에서 서로 협의하고, 이유와 함께 10점을 나눠 가지게 하는 방법이 너무 유용한 거 같다!

PBL을 실제로 활용하기 막막했는데, 단계 및 차시별로 차근차근 과정을 보여주셔서 활용법에 대한 아이디어를 얻었다. 이번 학기엔 학교 실정에 맞게 꼭 활용해 보고 싶다.

학생의 입장에서 제주 여행 리플릿을 만들고 공유하는 활동이 좋았다. 학생들이 프로젝트 활동에서 느끼는 바를 직접 체험하는 기회가 되어 많은 생각을 한 것 같기도 하다. 다음 학기에는 프로젝트 활동이 수행평가 제출로 그치지 않고, 학생들이 성취감을 느낄 만한 산출물을 완성해 연말에 전시 행사 같은 걸 하고 싶다.

프로젝트 수업을 활용하여 학생들이 학습 내용을 자신의 삶과 연결해 주도적으로 참여하는 수업과 평가를 만들어 나가는 모습이 좋았다. 2학기엔 아이스 브레이킹 활동을 해보면 아이들이 너무 좋을 것 같다. 또 소중한 자료들을 나눠 주신 데 감사드립니다.

프로젝트는 모든 삶의 일부이며, 성찰과 주도성은 예전에도 그랬고, 지금도 중요하다. 평가만 하고 끝낼 게 아니라 공유하고 발표하고 피드백하는 나눔 과정이 중요하다는 걸 알게 되었다. 아이들이 다양한 경험을 통해 성장하고 성취하면서, 공부만 중요한 게 아니라 삶의 방향성을 조금씩 배울 수 있는 것 같다.

| 참고문헌 및 자료 |

· 『프로젝트 학습:초등교사를 위한 안내』 존 라머 외, 아카데미프레스(2014)

· 『PBL로 수업하기』 장경원 외, 학지사(2015)

· 『프로젝트 수업 제대로 하기』 마이클 맥도웰, 지식프레임(2019)

· 『프로젝트 수업 어떻게 할 것인가』 존 라머 외, 지식프레임(2019)

· 『생각하는 교실을 위한 개념기반 교육과정 및 수업』 온정덕 외 공역, 학지사(2019)

· 『프로젝트 수업 어떻게 할 것인가 2』 존 라머 외, 지식프레임(2020)

· 『피드백, 이렇게 한다』 낸시 프레이, 교육을 바꾸는 사람들(2021)

· 『개념기반 탐구학습의 실천』 칼라 마샬 외, 학지사(2021)

· 『학생의 배움과 성장을 지원하는 과정 중심 피드백』 김선 외, 도서출판 AMEC(2021)

· 『학습자 주도성, 미래교육의 거대한 착각(교사 없는 학습은 가능한가?)』 남미자 외, 학이시습(2021)

· 『주도성』 김덕년 외, 교육과 실천(2023)

· 『학생 주도성을 키우는 수업 평가』 권영부, 교육과 실천(2024)

· 2022 개정 교육과정의 '지식·기능·이해' 중심의 3차원 수업을 위해 '교과서 집필'과 '수업' 달라져야, 이찬승, 교육을 바꾸는 사람들(21erick.org)

· 2022 개정 교육과정 총론 주요사항 발표_교육부 보도자료(2021.11.24.)

· 2022 개정 교육과정 [별책 14] 영어과 교육과정, 교육부(2021)

· 2022 개정 교육과정 이렇게 바뀝니다[리플릿], 교육부, 서울시교육청(2022)

· 2022 개정 교과 교육과정 전문가 워크숍 자료집, 교육부(2022)

· 교과 교육과정의 이해 강의(2023), 온정덕

· 2022 개정 교육과정 이해와 영어과 수업 평가 적용, YBM 원격연수원(2024)

· 2024 교실혁명 선도교사 양성연수 자료(2024)

· 2022 개정교육과정 앎과 삶을 연결하는 프로젝트 수업 중학교 영어 PBL 자료집 (2024), 지학사

교사의 시선
김태현 지음

'교사의 시선'으로 교사가 매일 경험하는 일상, 그 보통의 하루가 가지는 가치를 깊이 들여다본다. 그리고 교사이기 이전에 한 인간으로서 겪어야 하는 보편적인 고통에 대해서도 생각해본다.

교사, 삶에서 나를 만나다
김태현 지음

내 곁에 많은 사람이 있는 것 같지만, 결국에는 나 혼자 쓸쓸히 교사의 삶을 버텨가고 있다. 그렇게 혼자 외롭게 있을 때, 이 책이 교사의 고단한 일상에 같이 있으면서 작은 위로가 되었으면 한다. 힘들 때 다시 꺼내보면서 삶에서 나를 다시 만나고, 서로 위로하게 하는 그런 책이었으면 좋겠다.

그림의 진심
김태현 지음

화가들의 작품을 단순히 보는 행위로서의 관람이 아니라 그림 속 화가의 '진심'으로 받아들일 수 있도록 저자의 경험을 나눈다. 내 안에 이미 들어와 있는 심미안으로 그림을 찬찬히 들여다보고 화가의 진심과 만나는 여행을 함께 떠나보자.

배움혁신
사토 마나부 지음, 손우정 옮김

교사는 동료 교사와 함께 수업을 나누고 아이들의 배움을 연구하면서 진정한 행복을 누리는 직업이다. '배움 혁신'을 통해 그 행복을 누렸으면 좋겠다. 이 작은 한 권을 통해 코로나 팬데믹 3년이 우리에게 남긴 상처를 치유하고, 21세기형 학교와 배움으로 나아가는 큰 지혜와 용기를 얻으시기 바란다.

교사를 위한 회복적 생활
송주미 지음

저자는 '교사는 자신의 교육 철학을 세우고 이를 실천하는 존재로서 역할을 다할 때 회복된다'며 교사 상처의 근원을 살피고, 내면 치유로 회복하기, 공동체에서 함께 회복하기, 철학으로 회복하기의 방법들을 구체적인 사례를 통해 알려 준다.

교사 상담소
송승훈, 고성한 지음

수업, 학급운영, 행정업무, 관계, 민원, 무기력, 육아, 퇴직… 오늘도 닫힌 교실에서 혼자 괴롭고 외로운 선생님께 드리는 맞춤 상담과 동행 그리고 교사 상담 노트.

과정중심평가

김덕년, 강민서, 박병두, 김진영, 최우성, 연현정, 전소영 지음

'4차 산업혁명'과 인공지능(AI) 등 시대적 흐름에 맞춰 교육 역시 학습의 성취 정도를 확인하고, 지식보다 역량을 평가하는 등 학생의 성장과 발달에 중점을 두는 방향으로 변화하고 있다. 이 책은 현장의 고민을 연구하고 실천한 과정중심평가의 사례를 담았다.

토론이 수업이 되려면

경기도토론교육연구회 지음

교실에서 가장 많이 활동되는 찬반 토론, 소크라틱 세미나, 하브루타, 에르티아 토론, 그림책 토론의 이론적인 토대와 어떻게 수업에 적용할 수 있는지를 여러 교과의 적용 사례로 보여준다.

그림책 토론

김현숙, 김민경, 김준호, 백지원, 조승연, 조형옥 지음

누구나 쉽고 재미있게 생각과 감정을 나눔으로써 토론이 재밌어지고, 수업이 즐거워진다. 책 선정에서 읽는 방법, 실제 수업까지 그림책으로 토론해보고 싶은 교사를 위한 친절한 가이드.

중등 그림책 수업

그림책사랑교사모임 지음

자유학기부터 국어, 영어, 수학, 과학, 도덕, 가정, 한문까지 8개 과목에서 학생들과 그림책으로 수업한 사례를 소개한다. 과목별 단원과 주제에게 꼭 맞는 그림책 선정부터 그림책 수업 과정을 구체적으로 알려주며 수업에서 겪은 성공과 실패의 경험들, 학생들의 반응과 변화의 모습 등을 생생하게 담았다.

특수교육에서의 교육과정 재구성과 수업

한재희 지음

특수교육에서 교육과정 재구성이 왜 중요하며, 교실에서 어떻게 실현되어야 하는지를 성공과 실패 사례를 통해 보여준다. 이를 통해 '삶을 담은 정교한 수업'이 필요한 아이들에게 진짜 배움을 펼치기 위한 노력을 담았다.

포노 사피엔스를 위한 진로교육

김덕년, 유미라, 허은숙 지음

갓난아기 때부터 스마트폰을 보는 시닌류, 포노사피엔스에게 우리 어른들은 어떻게 진로교육을 해야할까? 아이들이 진정으로 행복한 진로 교육이란 가치의 경중을 따지지 않고 쓸모가 있건 없건 모든 존재는 그 자체로 소중하다는 생각을 심어주는 것이다.

미래 교육과 '2022 개정 교육과정'의 핵심은 주도성!

김덕년, 정윤리, 양세미, 최선경, 정윤자, 위현진, 김재희, 인윤기, 강민서 지음

주도성이란 무엇인가?

학교 안에서 주도성이 일어나게 하려면 어떻게 해야 하는가?

주도성이 살아 숨 쉬는 초·중·고 현장 사례와 주도성이 일어나기 위한 조건을 제시하다

미래사회를 살아갈 오늘의 학생들에게
어떤 교육을 할 것인가?
이론적 배경을 최소화하고 수업 현장에 실제로 정용할 방법을 담은 책

권영부 지음

★　　깊이 있는 학습을 위한 다양한 솔루션

★★　성취기준 기반의 논·서술형 평가 방안

★★★ 기초소양을 키우는 AI·디지털 리터러시 교육 방법